POSITIVE DISCIPLINE
in the Classroom

教室里的
正面管教

培养孩子们学习的勇气、激情和人生技能

[美] 简·尼尔森 琳·洛特 斯蒂芬·格伦◎著
梁 帅◎译 天略◎译校

北京联合出版公司
Beijing United Publishing Co.,Ltd.

图书在版编目（CIP）数据

教室里的正面管教／（美）尼尔森，（美）洛特，（美）格伦著；梁帅译．—北京：北京联合出版公司，2014.4
（2024.6 重印）
ISBN 978-7-5502-2807-8

Ⅰ.①教…　Ⅱ.①尼…②洛…③格…④梁…　Ⅲ.①家庭教育　Ⅳ.①G78

中国版本图书馆 CIP 数据核字（2014）第 064926 号

Positive Discipline in the Classroom
Copyright©2013 by Jane Nelsen, Lynn Lott, and Judy Arleen Glenn
Copyright©1993, 1997, 2000 by Jane Nelsen, Lynn Lott, and H.Stephen Glenn
Foreword copyright©2013 by Dale Jones
This translation published by arrangement with Three Rivers Press, an imprint of the Crown Publishing Group, a division of Random House, Inc.
Simplified Chinese edition copyright©2014 Beijing Tianlue Books Co., Ltd
All rights reserved.

教室里的正面管教

作　　者：	［美］简·尼尔森　琳·洛特　斯蒂芬·格伦
译　　者：	梁帅
选题策划：	北京天略图书有限公司
责任编辑：	李征
特约编辑：	阴保全
责任校对：	杨娟

北京联合出版公司出版
（北京市西城区德外大街83号楼9层　100088）
水印书香（唐山）印刷有限公司印刷　新华书店经销
字数192千字　　787毫米×1092毫米　1/16　15.5印张
2014年5月第1版　2024年6月第19次印刷
ISBN 978-7-5502-2807-8
定价：30.00元

版权所有，侵权必究
未经书面许可，不得以任何方式转载、复制、翻印本书部分或全部内容。
本书若有质量问题，请与本公司图书销售中心联系调换。
电话：010-65868687　010-64258472-800

感谢阿尔弗雷德·阿德勒和鲁道夫·德雷克斯
提出的相互尊重理论,
感谢成千上万在学校里证实了这些理论的价值的老师和学生们。

特别感谢那些接受我们的理念,并以超出我们想象的
更有创造性的方式运用这些理念的人们。

目　录

第1章　正面管教：一种鼓励模式

老师们普遍实行的是以奖励和惩罚为基础的管教方法，其目的是为了控制学生……正面管教是一种不同的方式，是让学生们参与专注地解决问题，而不是成为惩罚和奖励的被动接受者……

　　我能行／4
　　我的贡献有价值，大家确实需要我／4
　　我能够以自己的力量做出选择，对发生在我自己身上和我的群体中的事情产生积极影响／5
　　我能自律和自我控制／6
　　我能与他人相互尊重地共事／7
　　我理解我的行为会如何影响他人／7
　　我能够通过日常的练习，发展我的智慧和判断能力／8

第2章　正面管教：一种思维模式的转变

很多老师幻想着激励孩子们热爱学习。但是，这种幻想总是受到现实中纪律挑战的阻碍……无数研究表明,惩罚和奖励对于长期的行为改变没有效果……要改变孩子们的行为,必须处理其行为背后的信念……

幻想与现实 / 17
人类的行为与冰山的类比 / 17
理解冰山位于水下的部分 / 18

第3章 领导风格

教室里的氛围是自上而下形成的。当一位老师的和善必须加入奖励,而坚定必须加入惩罚时,孩子们对自身价值的判断就会变得困惑而可怕……当老师们和善与坚定并行时,他们就能帮助孩子们成为负责任、值得信赖、适应力强、机智、被赋予力量、有能力、关心他人和自信的人……

领导风格 / 29
改变行为的正面管教 / 31
和善而坚定的领导者会让孩子们知道错误是学习的机会/32
和善而坚定的领导者运用鼓励,而不是赞扬和奖励 / 34
和善而坚定的领导者在学生的帮助下设立日常惯例表 / 36
召集父母、老师和学生参加的三方会议 / 38
你是哪种动物?自我认知是和善而坚定的领导风格的关键 / 40
改变是一个连续的过程 / 42
运用老师互助解决问题的步骤 / 44
让你不断受到鼓励的其他建议 / 48

第 4 章　人们为什么那样做

一个行为不良的学生,是一个丧失了信心的学生。当学生们相信自己没有归属时,他们通常会选择四种错误目的行为中的一种……

　　同样的行为,不同的目的 / 59
　　冰山丛林 / 59

第 5 章　在纠正之前先建立情感联结

强有力的科学证据表明,增强学生与学校的情感联结,会使学校的教育更成功……情感联结,就是学生们相信学校里的大人们关心他们的学习,并将他们作为个体来关爱……

　　建立情感联结 / 73
　　关爱的力量 / 75
　　情感联结的态度和技能 / 76
　　倾听并认真对待孩子们 / 77
　　进行一次野外旅行 / 78
　　欣赏独特性 / 78
　　用你的幽默感建立情感联结 / 80
　　通过尊重学生的课外兴趣来建立情感联结 / 81
　　改善,而不是完美 / 82

第 6 章　相互尊重的沟通技巧

改善我们的沟通技能是一个持续的过程……阻碍沟通的方式

会给老师和学生造成同样的挫败感,而促进沟通的方式会给双方都赋予力量……

  从阻碍情感联结的沟通,变为促进情感联结的沟通 / 89
  赋予力量的4个沟通技巧 / 95

第7章 专注于解决方案

  孩子们是我们的未被开发的最大资源。当他们学会相关技能时,他们就会拥有丰富的解决问题的智慧和才能,当他们参与解决问题时,会带来难以计数的益处……

  你必须感觉更糟才能做得更好吗 / 103
  解决问题的3R1H / 105
  解决问题的4个步骤 / 107
  工具卡 / 109
  选择轮 / 110
  和平桌 / 113
  班会议程 / 113

第8章 教室管理工具

  当教室管理以相互尊重为基础时,学生们在学业和社会情感技能方面都会学得最好……教室管理工具是为了确保尊重的教室管理能贯穿全天……

  1. 有限制的选择 / 118
  2. 班级事务 / 119

3. 只做,不说 / 121
4. 启发式问题 / 124
5. 转移行为的问题 / 127
6. 什么也不做(自然后果) / 128
7. 决定你自己怎么做 / 129
8. 尊重地说"不" / 131
9. 同等对待每一个学生 / 131
10. 积极的暂停 / 133
11. 每次一小步 / 137

第9章　解决恃强凌弱的方法

恃强凌弱是解决一个想象出来的问题或真实存在的问题的一种错误方式……正面管教始终致力于以一种非惩罚性的、尊重的和有效的方式提供解决各种冲动行为(包括恃强凌弱)的工具……

什么是恃强凌弱 / 140
关于恃强凌弱的3个常见错误观念 / 141
成年人能做什么 / 145
当心:有时不是恃强凌弱 / 147

第10章　摆脱家庭作业的困扰

在与上学有关的事情上,父母们和自己的孩子最大的争斗就是家庭作业……学生、老师和父母们不是必须为取得优异的学习成绩而遭受痛苦……当相关各方都相互尊重并一起解决问题时,学生们会做得更好……

借父母之手 / 154

第 11 章　班会的 8 项技能（上）

班会是帮助孩子们学会在学业和人生中取得成功所需要的技能的最佳方式……当孩子们学会班会的技能，并有机会每天运用时，他们会成为出色的给予鼓励和解决问题的人……

技能 1：围成一个圆圈 / 162
技能 2：进行致谢和感激 / 165
技能 3：尊重差异 / 169
技能 4：运用相互尊重的沟通技能 / 172

第 12 章　班会的 8 项技能（下）

这里的 4 项班会技能，专注于解决问题的非惩罚性方法……

技能 5：专注于解决方案 / 177
技能 6：角色扮演和头脑风暴 / 180
技能 7：运用议程和班会程式 / 191
技能 8：理解并运用 4 个错误目的 / 195

第 13 章　关于班会的问答

在经历班会的过程中，你会遇到很多问题。本章是对数以百计的老师最常问的一些问题的回答。其中有一些是小学老师提出来的，有一些是初中和高中老师提出来的……

小学老师经常提出的问题／198
初中和高中老师经常提出的问题／200
问答环节综述／205

结　语／221

第 1 章

正面管教：一种鼓励模式

> 孩子们需要鼓励，就像植物需要水。鼓励对于孩子们的健康成长和发展是至关重要的。
>
> ——鲁道夫·德雷克斯

很多人认为学校的目的就是学习功课，而各种纪律规定应该以学生取得优异的学习成绩为目的。因此，老师们普遍实行的是以奖励和惩罚为基础的管教方法，其目的是为了控制学生。然而，研究表明，除非教给孩子们社会和情感技能，否则他们学习起来就会很艰难，并且纪律问题会越来越多。

正面管教是一种不同的方式。你可以想象一列试图靠单轨驶向目的地的火车。这是不可能做到的。火车需要两条轨道，我们的学校也一样。第一条轨道是学业的学习，第二条轨道是社会和情感能力的培养。正面管教的方法，是让学生们参与专注地解决问题，而不是成为惩罚和奖励的被动接受者。那些采用了这种综合方式（两条轨道并行）的学校，都说学生们的问题行为减少了，而学习成绩优异的学生增加了。下面这张照片（得到了加利福尼亚州维萨利亚学区的使用许可）就说明了他们所说的"一种学习的风气"。

一种学习的风气——两条轨道

多年前，本书的一位作者在艰难地学习如何使用电脑——她想知道付出的所有努力是否值得。这时，她听到一个人说："要确定一个'电子时代的列车'是否会到来，已经太晚了。现在的选择是何时跳上这列火车。"当新的电子设备一个接一个地不断出现时，这句话一直在她的脑海里回响。现在，她的身边到处都是使她的生活更轻松、更有趣的电子设备。她很高兴自己跳上了这趟列车。既然你现在已经知道了正面管教的两条轨道，我们希望你愿意跳上这列火车。

在你摇着头说"不可能！在已经很繁忙的教室里，我无法再多应付一件事情"之前，我们希望你先考虑一下：正面管教将使你的生活更轻松。这是真的！如果你是一位专注于学生的学业，并同时教给他们社会和情感技能的和善而坚定的老师，你就已经登上了这列火车。如果你想搞明白一个正面管教的教室是不是你想去的方向，下面就是一些供你考虑的问题：

1. 你希望你的学生善于做出好的决定吗？
2. 你希望你的学生学会适应吗？
3. 你希望你的学生学会承担责任吗（回应能力）？
4. 你希望你的学生学会合作吗？
5. 你希望你的学生学会倾听吗？
6. 你希望你的学生学会如何自我控制吗？
7. 你希望你的学生学会坦然面对责任吗？
8. 你希望提供一个讲坛，让大家说说别人的伤害行为对自己有怎样的影响吗？
9. 你希望帮助学生们学会如何为自己给他人造成伤害的错误做出弥补吗？
10. 你希望教室成为学生们为具有良好品格而学习好品质和长处的地方吗？
11. 你希望教室成为学生们因为受到鼓励而热爱学习，从而取得优异的学业成绩的地方吗？

在接受过正面管教培训的教师们的教室中，学生们能受到尊重的对待，有热爱学习的勇气和激情，并有机会学习人生成功所需要的技能。正面管教的愿景是，孩子们在学校里遭遇失败时永远不会被羞辱，而是通过有机会在一个安全的环境中从自己的错误中学习，感觉到自己被赋予了力量。学生们学到的很多社会和情感技能都表现在以下"七项重要的感知力和技能"中。

帮助孩子们在学校和人生中成功的三个信念：
1. 我能行。
2. 我的贡献有价值，大家确实需要我。
3. 我能够以自己的力量做出选择，对发生在我自己身上和我的群体中的事情产生积极影响。

帮助孩子们在学校和人生中成功的四项技能：
1. 我能自律和自我控制。
2. 我能与他人相互尊重地共事。
3. 我理解我的行为会如何影响他人。
4. 我能够通过日常的练习，发展我的智慧和判断能力。

下面是正面管教方法如何教给孩子们这七项重要的感知力和技能的说明。

我能行

要形成对自己能力的信念，孩子们需要一个安全的环境，使他们能够在没有成败评判——没有责备、羞辱或痛苦——的氛围中探索自己的选择和行为的后果。正面管教的方法提供了一个安全的环境，使学生们能够审视自己的行为、了解自己的行为如何影响他人，并为改变自己的行为参与到有效地解决问题的过程中。

我的贡献有价值，大家确实需要我

要形成对自己在重要关系中所具有的价值的信念，孩子们需要体验到有人倾听他们的感受、想法和主意，并认真对待他们。他们需要知道"我很重要，并且有价值"。在正面管教的教室里，每个人都有机会在一个有规则的、相互尊重的过程中，表达观点并提出建议。学生们能够知道，他们能够为解决问题的过程做出有意义的贡献，并能够成功地执行被选择出来的建议。他们会体验到所有人的首要目的——归属感和自我价值感。

我能够以自己的力量做出选择，对发生在我自己身上和我的群体中的事情产生积极影响

很多老师没有认识到学生们拥有个人力量，并且会以这种或那种方式运用这种力量。如果不给他们机会以建设性的方式运用个人力量，他们就会以破坏性的方式运用它。为了让孩子们在生活中以一种有益的方式运用这种力量，他们就需要在一种受到鼓励但也要承担责任的环境中，有机会以有用的方式作出贡献。他们需要学会理解并接受自己创造积极环境的力量。一个正面管教的教室，是学生们能够体验到犯错误没关系，并能从这些错误中学习的地方。在班会上，他们能够学会为自己的错误承担责任（有责任心），因为他们会得到帮助，探索从自己的错误中学习的方式，而不是受到惩罚。他们还能学到，即使当自己无法控制所发生的事情时，他们也能够控制自己对所发生的事情的反应。

正面管教的实际应用

我仍然记得第一次接触正面管教时的兴奋心情，因为这似乎正是我当时在自己的教学生涯中所寻找的东西。我是通过一位共事一年的实习老师知道正面管教的。我们教的是一个很难对付的班级。她离开了一段时间，到麻烦不断的西雅图内城一所学校去完成一个"多元文化"的实习单元。到那里不久，她就打电话告

诉了我那所学校的校长实行的一个令人惊异的项目。看起来，这个项目就是扭转学校局面的关键。猜猜这个项目是什么?!

长话短说，我请了几天假，用一个长周末去那所学校与校长交谈，看这个项目和班会是如何在各个年级中开展的，与老师们聊，观察学生，等等。我震惊地看到了孩子们是多么尊重他人，学校是多么包容。我带着一大摞资料以及如何将它用在我自己班级的数不清的想法回到了家。

我绝对喜欢上了班会、议程，以及给孩子们机会真正地倾听、做头脑风暴并帮助解决教室里的问题的理念。然后，我和我的实习老师将我们的做法告诉了我们学校里的其他老师，我们甚至被邀请在学区的另一所学校做了一个简短的讲座。显然，我们不是专家，然而，我想我们的激情和取得的积极效果弥补了这个不足。

克莉丝汀·汉米尔顿
美国俄勒冈州尤金市

我能自律和自我控制

一个正面管教的教室，是学生们能够知道自己有什么感受，能说出自己的感受，并发展同情和共情能力的好地方。孩子们在得到倾听时，似乎会更愿意倾听别人。通过倾听同学的反馈，他们能够获得对自己的情感和行为的理解。在一种没有威胁的环境中，孩子们会愿意为自己的行为承担责任。他们会知道一种感受是什么，以及如何将自己的感受与自己的行为区分开。他们会知道自己的感受（比如，气愤）与自己做出的事情（比如，打人）

不是一回事，并且知道尽管感受永远都是可以接受的，但有些行为却不能接受。通过解决问题的过程，他们能学会以主动的方式而不是被动反应的方式表达或处理自己的想法或感受。通过想清楚自己的选择所造成的后果，并通过接受其他同学为解决问题提出的建议，他们会形成自律和自我控制。让学生们探索自己的选择所造成的后果与将一个后果强加给他们，是两种大相径庭的理念，后者通常是对惩罚的一种拙劣的伪装。通过探索自己的选择所造成的后果，学生们会从错误中学习，而不是试图隐瞒错误或者为错误辩解。

我能与他人相互尊重地共事

一个正面管教的教室，为孩子们提供了最好的可能机会，让他们通过对话与分享、倾听与共情、合作、协商和解决冲突，来发展自己的社会技能。当出现一个行为问题时，老师们不再插手干预和直接替学生解决问题，而是把问题放到班会议程上，或者使用解决问题的四个步骤，或者指导学生使用选择轮。所有这些方法（将在第7章详细介绍），将使得学生和老师们能够一起致力于形成双赢的解决方案。

我理解我的行为会如何影响他人

一个正面管教的教室，是学生们能够带着责任感、适应力和正直对日常生活的限制和后果作出反应的场所。他们知道为自己的错误承担责任是安全的，因为他们不会感受到责难、羞辱或痛苦。他们能学会放弃责备他人的受害者心态（"老师给我的成绩是F"），并接受一种承担责任的心态（"我的成绩是F，因为我没有做功课"）。

我能够通过日常的练习，发展我的智慧和判断能力

孩子们只有在有机会通过对身边所发生的事情的清醒意识和感知来评估问题时，才能培养出判断能力。当正面管教的教室里出现一个问题时，学生们会探究发生了什么事、什么导致了这件事情的发生、他们的行为如何影响了别人，以及他们如何做才能在将来避免或解决这样的问题。这样，他们就学会了根据情形需要作出反应。

. . .

那些缺乏这三个信念和四项技能的学生，出现严重问题的风险比较高，比如恃强凌弱、吸毒、早孕、自杀、未成年犯罪和参与团伙。他们还可能抱有虽不那么严重但很令人反感的信念，比如特权意识和缺乏动力。具有较强的"七项重要的感知力和技能"的学生，出现这些严重和令人反感行为的风险较低。显然，孩子们有机会学习这"七项重要的感知力和技能"是极其重要的，而正面管教为此提供了一个绝佳的机会。

综述

当老师们愿意放弃对学生的控制，转而以一种合作的方式与学生们共同努力时，正面管教才会有效。那些知道如何问更多的问题并更少说教的老师，会对学生们的想法和观点产生真正的好奇心。当学生们受到鼓励表达自己的观点、有机会选择而不是被命令，并和其他人一起解决问题时，教室里的气氛就会改善，变成合作、协同和相互尊重的氛围。

正面管教的实际应用

我教五年级的第一年，真的非常难。我对待那些挑战老师的学生的方式，就是简单地对他们强硬，并要求他们好好表现。嗯，我强硬了——但是他们变得更强硬。我变得更强硬了，他们甚至比我更强硬！我终于意识到，变得更强硬不是解决办法。我的很多五年级学生的兄弟姐妹是团伙成员，或者父母在坐牢。我强硬不到那种程度！所以，教五年级的第一年，我真正学到的是哪些方式不管用。

接下来的几年，情况变得好一些了，但我仍然在过度和善与随后的彻底粗暴之间挣扎。我问过其他老师在教室里是如何做到"让孩子们听话的"。我很尊重的一位老师告诉我，他会在黑板上画一个圈，让不听话的学生把鼻子贴在圈里站着！我下定决心，我要自己搞清楚这个课堂管理的事情。我永远不会故意羞辱一个孩子！

在接下来几年的教学中，我搞明白了尊重并一致地对待学生，会增强他们的合作意愿。但我仍然在挣扎。

然后，我有机会参加了一个"教室里的正面管教"讲习班。

这个讲习班引起了我的极大共鸣！它完全就是要尊重学生，增强他们的合作技能，让他们承担责任，让他们成为问题的解决者，还有很多其他东西！我感到那么兴奋，那么充满干劲。这就是我想让我的学生（和我自己）拥有的技能！

  我的教学越来越好。我学会了与学生们一起建立惯例、找出需要做的事情和解决问题的方法。我们每天都开班会——包括致谢、感激和解决问题。这个过程在我们班里创造了一种我从来没有体验过的情感联结。孩子们学会了相互信任、相互帮助、相互关心。总之，我的学生们想要成为积极的引领者，并努力成为最好的自己。我终于感到自己像一个有效而能干的老师了！

  我学会了成为我的学生们的引领者和指导者，而不是控制他们的上司。我的学生们知道了，除了读、写、算之外，他们还擅长沟通、解决问题和一起做事。这都是重要的人生技能！

  有一年秋天，我以前教过的一个学生的妈妈来看望我。她要感谢我在班级里为班会和解决问题所做的一切。她的儿子在这一年去了另外一所学校就读，他的一位老师不尊重学生。她的儿子去了校长办公室，问校长他能否召开几次班会来帮助这位老师和同学们！她的儿子感到自己被赋予了影响自己的班级和新老师的力量。他想把事情变得更好，不是通过责备或挑别人的错，而是通过讨论问题并帮助同学们和老师提出一个解决办法！

道迪·布鲁姆博格
正面管教注册高级导师，亚利桑那州

第 2 章

正面管教：一种思维模式的转变

教育者最重要的任务，有人说是神圣的职责，就是确保没有一个孩子对学校丧失信心，并要确保入学前已经丧失信心的孩子通过学校和老师重获自信。这与教育者的天职是一致的，因为只有孩子们对未来满怀希望和欣喜，教育才成为可能。

——阿尔弗雷德·阿德勒

我们想象一下，你进入一个与你成长时的世界完全不同的世界会是什么样。或许，你在成长过程中一直想取悦大人。你为了取得好成绩而刻苦学习，以便你的老师和父母为你感到骄傲。你努力做个好孩子，以避免受到惩罚。你成了一个总是寻求别人认可的人。你从来没想过，你的想法和观点对别人来说应该很重要。

或许，你可能成了那些与制度对抗的孩子中的一员。你不在乎奖励。你竭尽全力通过不被逮到来避免受到惩罚。但是，如果你真做到了，哦，好吧，你成为了一个反叛者。可悲的是，你更关注与别人的想法对着干，而不是认真考虑你自己的想法。

现在——仍然想象你是一个孩子——你进入了一个老师们不运用惩罚和奖励的世界。他们希望你专注于问题的解决方法——与他们一起。他们不会将后果强加于你，而是鼓励你思考你的行为所产生的后果，以及你的行为会如何影响你和其他人。他们相信错误是学习的机会，相信你有时可以选择"积极的暂停"（在你的帮助下建立的一个地方），在准备好学习之前让你的感觉好起来。

你将如何对待这个新世界呢？我们的猜测是，放弃你对那些运用外在激励（惩罚和奖励）的大人们的依赖或对抗，转而承担起责任并与那些运用内在激励（教给你为群体作贡献和相互尊重地解决问题的技能）的人一起作事，并不是很容易的。

这个新世界对于那些习惯了以行为学派理论为基础的管教方式的老师们来说，也不会更容易。这些老师也需要思维模式的转变。下面这张表能帮助这些老师深入了解两种学派的不同。

人类行为的两种对立学派

正面管教注册导师：特里·查德希和乔迪·麦克维蒂

	在美国的学校中占主导地位的传统方法	正面管教（专注于解决问题）的方法
谁创立了这个理论？	日常做法，巴甫洛夫、桑代克、斯金纳	阿德勒、德雷克斯、格拉瑟、尼尔森、洛特、丁克梅耶
依据这个理论，是什么在激励人们的行为？	人们对自己环境中的奖励和惩罚作出反应。	人们在自己的社会情境中寻求归属感（情感联结）和自我价值感（意义）。
我们在什么情况下对别人的行为能产生最大影响？	当我们对一个具体行为作出反应的时候。	在一种以相互尊重为基础的持续的人际关系中。

续表

	在美国的学校中占主导地位的传统方法	正面管教（专注于解决问题）的方法
成年人最有力的工具是什么？	奖励、刺激和惩罚	共情、理解学生的信念、合作解决问题、和善而坚定、坚持到底
对不当行为的反应是什么？	责备、孤立和惩罚	纠正之前先建立情感联结、专注于解决问题、坚持到底、处理行为背后的信念
对危险和破坏行为的反应是什么？	责备、孤立和惩罚	确保安全，继之以一个承担责任和改正的计划
学生如何才能学得最好？	当成年人对学生的行为进行有效的控制时。	当学生学会了社会和情感技能、形成了自我控制、感到与他人的情感联结，并在教室里作出贡献时。

在正面管教研讨会和讲习班上，一开始，我们会让老师们列出他们对学生的一个期望清单，即他们希望自己的学生具备的品格和人生技能，以帮助他们更明确地意识到自己需要做出的转变。三十多年来，在很多不同的国家，成百上千的讲习班都列过这种清单，而且他们列出的内容基本是相同的：

品格和人生技能

- 健康的自尊
- 勇于承担责任
- 自律
- 同情心
- 合作
- 善良
- 共情
- 有爱心

- 尊重自己和他人
- 解决问题的技能
- 幽默感
- 适应能力
- 责任心
- 对自己能力的信念
- 诚实
- 终身学习者
- 自我激励
- 快乐
- 社会意识

你会注意到，这个清单里没有包括优异的学业成绩。然后，我们问老师们，有多少人认为这些品格和人生技能与学业同样重要。每个人都会举起手来。之后，他们说，这些品格和人生技能甚至比学业更重要，因为孩子们要学习知识，就必须拥有这些品质。接下来，我们会让老师们做头脑风暴，列出学生的问题行为清单。在不同国家，这个清单的内容也非常相似：

问题行为

- 不听
- 顶嘴
- 缺乏动力
- 说脏话
- 打断别人说话
- 家庭作业问题
- 拖延
- 上课睡觉
- 打架
- 抱怨
- 发脾气
- 不停地发短信
- 媒介依赖
- 反抗老师
- 倔强
- 恃强凌弱

接着，我们会向老师们演示，如何将这些问题行为当作一个机会，将他们希望自己的学生具备的品格和人生技能教给学生。他们是通过参与一个叫作"问与告诉"的有趣活动，从自己的体验中学习的。

活动：问与告诉

目的

让老师们看到，如何将问题行为作为教给他们希望学生们所具备的品格和生活技能的机会。

步骤

1. 让一名志愿者角色扮演一个学生，另外 16 名志愿者角色扮演老师。

2. 将"老师"们分成两列，8 人一列。其中一列的 8 名"老师"告诉学生去做什么，另一列"老师"问学生问题。

3. 让"学生"逐一走过告诉的"老师"队列。这个"学生"站在每位"老师"面前，听他或她说，而不作任何回应。这个"学生"只需注意自己的想法、感受和决定。

告诉的话：

（1）你知道你应该在上课前将你的书和家庭作业准备好。

（2）在课间休息时，别忘了带你的外套，一定要穿上——外面冷！

（3）如果你没有在课堂上完成作业，你课间休息时就不能出去，直到做完为止。

（4）在离开教室前，把你的作业收起来，把图书放到架子上，要收拾干净！

（5）你为什么就不能像莎莉那样安静地坐着呢？

（6）别再发牢骚和抱怨了！

（7）好啊！这是谁引起的？

（8）你因为在课堂上说话，得了个红卡。

4. 在听了这些话之后，让这个"学生"说说自己的想法、感受和决定。然后，让这个"学生"看看品格和人生技能的清单（见第 13~14 页），并问他或她是否学到了这个清单上的任何品质。答案几乎总是"没有"。

5. 然后，让这个"学生"依次走过问问题的那一列"老师"。"学生"站在每位"老师"面前，听他或她说，而不作任何回应——只需注意自己的想法、感受和决定。

问话：

（1）为准备好上课，你需要带什么？

（2）如果你想在课间休息去外边时保暖，你要穿什么？

（3）你打算怎样在下课前完成作业？

（4）要在离开教室前收拾好你的课桌和教室，你需要做些什么？

（5）谁能让我看看当我们准备好上课时，应该怎么坐？

（6）你怎么对我说话才能让我听清你在说什么？

（7）你们两个怎么解决这个问题？

（8）我们是怎么约定在安静时间不能打扰别人的？

6. 在听了这些话之后，让这个"学生"说说自己的想法、感受和决定。那些注意听的老师们会知道问话对于帮助学生学习思考技能和合作要有效得多。然后，让这个"学生"再看看品格和人生技能清单，问他或她是否学到了清单上的任何品质。答案几乎总是"学到了绝大部分"。

这个活动说明了行为学派和正面管教的不同，前者是告诉孩子们去做什么（并且会因顺从得到奖励，因不顺从受到惩罚）；后者是邀请孩子们思考应该做什么。

为什么"问"比"告诉"有效得多呢？告诉，通常会造成身体上的生理抗性。向大脑发送的信号是"抗拒"。相反，尊重地问，造成的是一种身体上的生理放松，向大脑发送的信号是"寻找答案"。这个"学生"感觉到的是被尊重、对参与的感激、感到自己更有能力，并且通常会决定合作。

幻想与现实

很多老师幻想着激励孩子们热爱学习。但是,这种幻想总是受到现实中纪律挑战的阻碍。一些声誉卓著的大学数年的研究表明,惩罚和奖励对于长期的行为改变没有效果[1],然而,学校的管理者仍然在通过引入更多基于奖励和惩罚的管教方法来试图解决问题。这些方法可能看上去有帮助,因为立即制止了很多纪律问题。然而,对孩子们造成的长期负面效果却没有得到考虑。

为有助于解释这个困境,我们用冰山来比喻人类的行为。

人类的行为与冰山的类比

很多管教方法处理的只是冰山位于水面之上的部分——你能够看到的部分,即学生的行为。这些方法试图用惩罚和奖励来控制人们的行为。正面管教既处理冰山位于水面之上的部分,又处理其位于水下的部分。

---

[1] 阿尔菲·科恩,《用奖赏来惩罚:小金星、奖励计划、A成绩、赞扬及其他贿赂的困惑》(波士顿,米夫林出版公司,1993、1999)引用了散见于学术期刊中的大量研究调查,表明惩罚和奖励没有长期效果。科恩向大家展示了,用奖赏对人们进行控制短期内有效,但终将失效甚至带来持久伤害。我们的工作单位和教室的气氛将继续衰退,除非我们转变观念,不再依赖从实验室的动物身上得出的动机理论。——作者注

心理学家鲁道夫·德雷克斯说，行为不良的孩子是丧失了信心的孩子。换言之，当孩子们相信自己没有归属时，他们就会做出"不良行为"——他们为寻求归属感和自我价值感而选择了一种错误的方式。当老师只处理孩子们的行为（他们能看到的部分）时，他们没有处理激发这种行为的丧失信心问题。我们将藏在表面之下的这部分称为"行为背后的信念"。

老师们像大多数成年人那样处理能看得见的问题，是可以理解的。他们或许从来没有想到过学生就像冰山，而且，即使他们想到过，可能也没有工具和知识帮助他们了解冰山处于水面之下的部分。老师们容易被蒙蔽，相信问题在于行为，而不是行为背后的信念。当老师们只处理行为时，他们常常会让孩子们更加丧失信心，进而增加其不良行为。

理解冰山位于水下的部分

孩子们始终在根据他们对自己生活经历的感知或个人逻辑作着下意识的决定。有些决定是关于他们自己的，比如："我是好还是坏，有能力还是无能，重要还是不重要？"另外一些决定是关于他人的："他们是鼓励我，还是让我丧失信心，是有益还是造成伤害？他们喜欢我，还是不喜欢我？"还有一些决定是关于这个世界的："这个世界是安全，还是可怕，是充满关爱还是遍布威胁，是我可以茁壮成长的地方，还是一个需要努力求存的地方？"

孩子们不会意识到他们一直在作着这些决定——这些以他们

对归属感和自我价值感的需要为中心的决定——但是，这些决定会变成影响他们行为的信念。

当孩子们感到安全时，即当他们感受到归属感和自我价值感时，他们便会茁壮成长。他们会成长为具有老师希望他们拥有的品格和人生技能的有能力的人。当孩子们相信自己没有归属、没有价值时，他们会采用求存行为。求存行为，常被称作不良行为，是建立在如何找到归属感和自我价值感的错误信念基础之上的（我们将在第4章详细讨论其特点）。

我们相信，用惩罚和奖励激发孩子的行为，其长期效果是使孩子丧失信心。喜欢奖励的孩子，很快就会依赖于奖励的刺激，而不会因为内心的回报而想成为有贡献的社会一员——因为做正确的事而感觉好，即使没有别人看到。惩罚的长期效果如下：

惩罚造成的三个 R

1. **反叛**（Rebellion）："他们不能强迫我。我要做自己想做的事。"
2. **报复**（Revenge）："我要扳平并反击，即便这会危害我的未来。"
3. **退缩**（Retreat）：
   a. 低自尊："我一定是个坏人。"
   b. 偷偷摸摸："我下次绝不让他们抓到。"

正面管教的实际应用

我利用班会时间，帮助我的四年级学生们相互认识，并了解彼此的积极品质。为了帮助他们练习致谢和感激，在每学年开始的一次班会中，我会从一只小桶里抽出一个学生的名字。同学们做头脑风暴，并说出这个同学的全部长处和独特品质，我都记录下来。学生们能注意到彼此的那么多正面、美好的特点，这真是太棒了。

然后，我会拿出我的班会记录，为每个孩子制作一张海报，上面包括记录下来的每个孩子的积极品质和这个孩子的照片。这些海报会挂在我的四年级教室外面，让全校都能看到。这个过程建立了一种群体意识,并认可了学生们的独特品质和贡献。学生们有机会听到同学和我对他们的积极看法,这是多么令人鼓舞啊!到年中,在走廊上挂了一段时间之后,这些珍贵的海报会让学生们带回家,和家人分享。

奥林夫人,四年级老师
美国佐治亚州,桑迪斯普林斯

既然惩罚造成的长期效果是这三个"R",那为什么老师们采用的那么多方法都包含惩罚呢?比如,前些年的往罐子里放弹珠①,以及现在流行的彩色卡片②。或许,采用惩罚办法的学校管理者和老师们不理解惩罚给学生(基于他们做出的有关自己的决定)及其家人造成的长期影响。或许,他们是在寻找当时就能阻止问题行为的"简单"方法。或许,他们是因为这种方法的短期效果而认为它有效。

---

① 往罐子里放弹珠,是美国的一些学校采用过的方法。基本做法是,老师公布一个班级规则,并在讲桌上放一个透明的罐子,当学生出现老师鼓励的行为时,老师在赞扬过这种行为之后,可以决定往罐子里放入一个或几个弹珠。当罐子里的弹珠达到一定数量后,由老师给予全班同学奖励,比如,延长课间休息时间,请同学们吃皮萨、看电影等等。——译者注

② 彩色卡片,也是一些学校采用的办法。基本做法是,做一张行为表贴在教室里,上面有每个学生的名字,老师根据每个学生的行为,决定给何种颜色的卡片,并相应地在行为表上贴上或去掉不同颜色的卡片。比如,每周第一天,每个学生得到一张棕色卡片,行为表上每个学生有5张卡片;如果学生的行为得到老师的认可,就会再得到一张棕色卡片,而行为表上继续保持5张卡片;如果学生得到一张绿色卡片(同时从行为表上去掉一张卡片),就相当于被警告了;如果得到一张黄色卡片(同时从行为表上去掉两张卡片),就不许参加周五的游戏;如果得到一张红色卡片(同时从行为表上去掉三张卡片),就取消其课间的休息,并通知学生的父母;如果行为表上的所有卡片都被拿掉了,这个学生就要被送到校长办公室去听校长讲学校的纪律。这种办法使老师和学生都能从行为表上看到谁将得到奖励、谁会受到惩罚。——译者注

正面管教的实际应用

今天,一个4岁的男孩生气地跺着脚从美术桌前跑开了,大喊着说他"气疯了、沮丧、不高兴"。我的助教跟着他去了我们的放松垫,他在垫子上把自己裹在了一个毯子里,这时,他只是踢着垫子,而且,喊叫变成了没有具体内容的乱叫。他拒绝和助教老师说话,只是继续尖叫着。我坐到了他身边,轻声说:"我需要一个拥抱。"他继续尖叫着、扭动着身子。大约15秒后,我又说:"我需要一个拥抱。"他停止了尖叫和踢打,但仍然背对着我。又过了10秒钟,我说:"我需要一个拥抱。"他犹豫了很长时间,转过身来,爬上我的膝盖,拥抱了我。我问他是愿意自己回到美术桌那里,还是想让我和他一起回去。他让我跟他一起回去。他回到了美术桌,开心地画完了,然后离开了那里。

史蒂芬·福斯特,正面管教首席培训师,从事有特殊需要孩子工作的儿童早期教育专家

彩色卡片,是那些似乎能立即产生效果的以惩罚为基础的方法之一。然而,几位父母(和两位老师)在正面管教社交网站上分享了他们有关彩色卡片的沮丧经历。

"我儿子昨天开始上幼儿园,"一个叫罗丽的母亲写道,"我需要一些建议。昨天和今天放学时,他的老师每次放一个学生出来。我注意到,这位老师把这个时机当成了向父母们汇报孩子行为的一个机会。她会说'她今天很好——干得好,妈妈',带着满面笑容;或者,她会列举孩子在一天内犯的过错。我是那些幸运的父母之一,因为孩子被最后放出来,所以,当她说'他上午不错,但下午得了一张红卡'时,我没感到很丢脸。今天,我发了誓,在她有机会在其他父母和孩子面前让我和儿子难堪之

前，我就牵上我儿子的手，跟她挥手告别。放学后，我儿子告诉我，他今天被给了一次'暂停'，因为他得了一张红卡。我问他发生了什么事，明天如何避免。之后，我们就继续过我们的下午时光了。

"我丈夫和我都很生气，他认为我需要和这个老师谈谈。看着那些孩子们脸上的表情以及父母们的同样表情，真让人难过——这让我很伤心，因为他们好像被彻底击败了。尽管我能理解我丈夫的想法，但我不想一开始就因为不经意地冒犯这位老师而跟她把关系搞僵。如果她认为我是在攻击她的为师之道，会发生什么事情呢？

"帮帮我！我应该跟她谈谈吗？如果要谈，你对于我该怎么跟她说，有什么睿智的建议吗？"

第二位妈妈说了这样一个故事："我的儿子上三年级。他不得不总是'取下他的卡'（就是现在很多老师使用的恐怖的行为表），并被要求单独坐着——远离他的同学，或者被取消课间休息。

"上周，他被送到校长办公室三次！一次是因为在老师讲课时插嘴七次（寻求同龄人关注）；一次是因为在课桌上涂颜色，并且在被要求停止时没有停止；第三次是因为冲老师翻白眼。我厌倦了听老师们的那些负面评价。当他在学校惹了麻烦时，我在家里应该不让他玩视频游戏，并取消他的其他特权。我不想这样做，但是我丈夫认为我们应该这样做——所以我们会为此争吵，并且都觉得自己是糟糕的父母。有人问，彩色卡是否对我儿子有帮助。当然没有。"

两位老师对彩色卡片是这样说的。

"作为老师，"詹妮弗写道，"我总是喜欢听父母们的观点，以便我能改善自己对班级的管理。很幸运，我工作的学校在下学年会废除彩色卡。太好了！从正面管教的立场来说，我不喜欢用彩色卡。此外，我发现它们在课堂上让人很伤脑筋，会完全忘记使用它们。我当然不能代表所有老师说话，但是，如果父母们把他们的担忧告诉我，我不会感觉被冒犯。如果我意识不到彩色卡对父母们及其孩子的影响，我会很惭愧。我相信他们的本意是好的。"

"跟詹妮弗一样，我也是一名老师，"希瑟写道，"我教一年级，运用正面管教好多年了。但是，我们学校的大多数老师则没有。彩色卡是他们很多人喜欢的方法，像这里很多喜欢正面管教的人一样，我认为彩色卡太可怕了。对这个话题我可以没完没了地说下去，但是，我想我在此想说的是，很多父母都意识到了彩色卡是多么有害，以及对学生进行公开羞辱的老师会造成多么大的伤害，而且他们愿意大声说出来，这真是太好了。

"在我们学校那些使用彩色卡的老师中，我真的想不出来哪个老师不会至少坦诚地听听父母们的担忧。如果你以一种尊重的方式向他们提出来（或许可以问一些很棒的启发式问题），你的孩子的老师很可能会真正听你的担忧。或许，你还可以加入一些诸如这样的话，'我知道你多么在意你的学生，并知道你认识我的孩子才几天，我确信你没有意识到我的孩子在早上离开家上学时感到多么焦虑'。"

我们不认为应该"放过"孩子们的不可接受的行为。本书中有很多教会孩子们社会可接受行为的不惩罚、不奖励的工具。而且，正如孩子们学习学业需要时间一样，他们学习社会技能也是需要时间的。

想一想孩子学说话都需要什么——几年的示范，开始是说一个字，然后是更多地听到并受到鼓励学说句子，以及更多年不断地发展和完善语言。为什么我们对其他类型的学习就期待立即有效果呢？而且，如果每当孩子说错时就受到羞辱和惩罚，他们怎么能学会说话呢？孩子们是从自己的生活中学习的。如果我们想让我们的孩子在成长中学会和善、坚定和尊重，我们就必须确保他们在这种环境中生活。

让我们再看个例子。下面这个故事来自于本书作者之一、心理治疗师琳·洛特，讲的是一个16岁女孩的事情，其问题的根源是早在上幼儿园时埋下的。

"昨天，我见了一个16岁女孩，她因为一年多来严重的非医源性胃痛来找我。我们一起了解她的童年记忆，以推测她小时候形成的核心信念。她的第一个记忆是上幼儿园时的，她在幼儿园因为上课说话被纠正了四次，并被要求坐到'反思椅'上，即便对一个5岁的孩子，这也是一种让人羞辱和尴尬的情形。

"在幼儿园受到惩罚（第一次惩罚）后，她的父母被叫到幼儿园，老师说他们的女儿（独生女）因为上课说话太多，将不能参与幼儿园的游戏（第二次惩罚）。这个女孩回到家后，她的父母对她进行长篇大论的说教，并以拿走她的玩具作为惩罚（第三次惩罚）。"

"她决定要谨慎行事，尽量远离麻烦。她远离麻烦的方式，从那时起直到现在，就是不引起别人注意，包括为了不让自己突出而取得中等成绩。当她的成绩是A或B时，她就会紧张，所以她想出了怎样得到B或C的办法，这样就没人会对她有过多期待了。她不再关心学校，不再认为上学很重要。不幸的是，这个决定给她留下的是胃疼的毛病。"

过度运用惩罚，与虐待没有什么不同。如果父母和老师们知道他们的惩罚正在给孩子造成终生的问题，他们很可能会寻找替代方法。他们只是不知道或者没有考虑过自己所采用的方式的长期效果。

本书中有很多替代方法。如果我们从中只选择一种替代彩色卡的方法，那就是问一个行为不当的学生："我们怎样才能解决这个问题？"这不会让孩子们感到羞辱，而是帮助他们感觉到自己有能力，并教会他们专注于解决自己错误的方案。更多解决问题的各种方案，请见第7章。

正面管教的实际应用

这是今天发生在3~5岁孩子的社会技能课堂上的事。莱恩整个上午都很糟糕，他一再打其他孩子，让大人闭嘴，上课时跑开，等等。到下午快放学的时候，我把他拉到一旁，跟他描述了他这一天的情况。我告诉他，看起来他今天过得很糟。孩子们冲他发火。他让大人们闭嘴。可以想见，他会让我也闭嘴。我问他是不是家里发生了让他很烦恼的事。

"闭嘴！"

我说，我真的想帮助他，但不知道该怎么做。

"闭嘴！"

我问他是否想要一个拥抱。

"不！"

我说："嗯。你感到很烦，你不想要一个拥抱。你知道怎么着？

我可以要一个拥抱。你会给我一个拥抱吗？"

他盯着我看了很久。我没有说话。

他扑到我的怀里，紧紧地抱住了我。

"哇！多么好的一个拥抱啊！我可以再要一个这样的拥抱。"

他又给了我一个拥抱。

我们去吃了一些零食。他的生活仍然处于混乱中。但是，他在课上的最后10分钟很顺利。

太有力量了！

看来，要求一个拥抱是很有帮助的，即使在不发脾气的时候。

史蒂芬·福斯特，注册临床社会工作者

第 3 章

领导风格

仅仅通过改变自己,我们就能改变我们的整个人生和身边人的态度。

——鲁道夫·德雷克斯

教育,有一个令人遗憾的方面,那就是老师们往往看不到自己的劳动成果。他们播下种子,但体验不到收获。然而,在正面管教的教室里,老师们不必将劳作和播种的任务全部由自己承担起来,和善而坚定的领导风格的益处几乎会立即显现出来。

负责任的公民,需要高度关注社会利益,即以一种对社会有益的方式做出贡献的愿望和能力。在正面管教的教室里,学生们一起解决问题,学习相互尊重、合作和协作的工具。他们能体验到自己力量的积极运用,这会减少他们为感觉到自己的力量而做出不当行为并制造问题的需要。

下面这个故事,就是学着成为负责任公民的学生们得到收获的一个例子。

正面管教的实际应用

毫无疑问，我们的学生在学着发出自己的声音、解决问题和协作！我要分享一个让我感动得落泪的故事。班会是正面管教必不可少的一部分，与家里的家庭会议类似，我们学校的所有学生都经常参加班会。

今年，我们四年级的学生学会了如何自己召开班会，议程和解决问题的步骤完全由他们自己负责。几周前，一位老师告诉我，四年级的几个学生在午餐时间自己召开了会议，讨论建立一个小组，并自己选举。大约一个星期后，另一位老师告诉我，四年级的学生要制作一些海报，表达他们对利比亚人民及其当前面临的不公正对待的声援。

之后，几个四年级学生来到我的办公室，要求和我当面讨论他们建立的一个小组。在查看了我们双方的日程安排之后，我们选择在昨天的课间休息时间讨论。当我昨天早上到办公室时，发现了一封电子邮件，是创立这个小组的那个9岁孩子发来的，为了让我更多地了解他们的小组及其目标。以下是这封邮件的摘录：

"我注意到，地球正变得越来越残酷。我想在孩子们的帮助下改变这个世界，因为我想让孩子们认识到，他们能够做不可能的事情，并使其成为可能。这就是我创立KCCW（孩子们能够改变世界）的原因。只有年龄不满18周岁的孩子才可以加入（除非你在自己是个孩子的时候加入了KCCW，后来长成了大人）。我希望您帮我一个小忙：将KCCW告诉您认识的人。KCCW的目标是：

· 消除贫穷
· 结束战争
· 消灭污染

- 拯救濒临灭绝的动物
- 促进教育
- 消除毒品
- 全人类的自由

"KCCW 的座右铭是：'让世界成为一个更美好的地方'。"

我以为和我见面的只是几个学生，但让我不知所措的是，几乎四年级的全体学生都出现在了我的办公室。这些学生显然对 KCCW 很忠诚，而且这个小组正在有更多的孩子加入。KCCW 是一个例子，表明了当你相信学生们有能力，并本着对他们能力的信任行事时，会发生什么事情。这些学生真的相信他们能让世界成为一个更美好的地方，我也相信他们能！这是新地平线小学正在孩子们中培养的赋予他们力量的那种领导风格的一个精彩例子。如果没有正面管教，这些学生怎么会产生自己能改变世界的信念呢？

迪玛·艾丽瑞碧，新地平线小学校长
美国加利福尼亚州欧文市　正面管教学校

领导风格

教室里的氛围是自上而下形成的。当一位老师的和善必须加入奖励，而坚定必须加入惩罚时，孩子们对自身价值的判断就会变得困惑而可怕："我现在是个好孩子，还是个坏孩子呢？"但是，当老师们和善与坚定并行时，他们就能帮助孩子们成为负责任、值得信赖、适应力强、机智、被赋予力量、有能力、关心他人和自信的人。

一个小女孩告诉她的奶奶，她在学校得到一张黄色卡。奶奶问那是什么意思。"噢，它的意思是，我只是稍微有点儿坏。"小女孩回答。当然，她的奶奶想到自己的宝贝孙女认定她稍微有点儿坏，而不是理解为她只是做出了一个糟糕行为时，奶奶感到很震惊。

太多的成年人期待着孩子们不经过练习、不犯错误、不经过反复尝试，就能培养智慧和良好的判断力。正面管教给孩子们大量的时间进行练习。相互尊重和学生们的参与是正面管教的一个必要基础。和善与坚定并行会鼓舞孩子们的信心，并且常常能帮助他们体验到归属感和自我价值感，进而改善他们的行为。

你做到和善与坚定并行了吗？如果没有，请对照以下三种领导风格，看看它们是否与你吻合。为了确定你想做出哪些改变，以及是否愿意改变，了解你自己和你的领导风格是很重要的。

目前很普遍但不能赋予孩子们力量并让他们具有社会意识的领导风格，被称为发号施令型、地毯型和幽灵型。

　　发号施令型的领导者相信："这就是我的方式，或者最好的方式。我会告诉你如何做以及做什么，你最好按照我说的做，否则你就会有麻烦。"

　　地毯型领导者相信："我在这儿就是为了让你们快乐和舒服。告诉我你想要什么、需要什么，我来实现它。"

　　幽灵型是看不见的缺席（情感缺席，如果不是实际缺席的话）领导者，他们只是希望得到最好的结果，但却做着其他无关的事情。

这几种领导者可能会用惩罚和奖励作为管教方式。惩罚，是认为孩子们需要为自己做的事情或没做到的事情付出代价。也就是说，"为了让孩子们做得更好，我们必须先让他们感觉更糟"。这种方式通常会导致怨恨、报复、反叛和退缩。奖励，是认为孩子们只有得到外在奖励，才会做我们想让他们做的事情。这种方式否认了做出贡献所带来的内心的良好感觉，通常会导致孩子们要求更大和更好的奖励。

改变行为的正面管教

正面管教的老师们会寻找机会帮助孩子们从自己的经历中学习。允许自然后果发挥作用，实际上是一种管教选择。自然后果，是在没有任何大人干预时发生的事情。如果一个孩子忘记了带雨衣，在下雨时就会被淋湿。如果一个孩子插队，其他同学或许会说："别插队。"如果一个孩子忘记了带午餐，他或她的15名同学（请原谅这有点讽刺）或许会提出将自己的午餐与他或她分享，尤其是父母给带的他们不喜欢的那些食物。教室里的很多问题，不用任何成年人的干预，都能轻易而快速地得到解决。如果你对自己的袖手旁观感到不舒服，那么，在你认为自己必须事无巨细地控制每一种情形并进行干预之前，至少要默数到10，看看会发生什么事。

和善而坚定的领导者
会让孩子们知道错误是学习的机会

　　老师们有很多机会帮助孩子们改变对错误的扭曲观念。你的很多学生都玩视频或电脑游戏，所以，以此为背景谈论错误也许会有帮助。当孩子们在玩游戏中犯了一个错误时，他们只是再试一次。可能需要一百次尝试才能搞清楚如何解决一个问题，或进入游戏的下一级。视频游戏不会责骂或羞辱玩游戏的人。游戏的设置是让孩子们不断地尝试，并鼓励他们从过去的错误中学习。生活与此没有什么不同。世界上的每个人都会不断地犯错误，只要他或她活着。

　　隐藏错误，会使人封闭起来。被隐藏起来的错误无法得到解决，人们也无法从中学习。良好的判断来自于经验，而经验来自于糟糕的判断。

　　因为我们都会犯错误，所以，更有益的做法是把错误当作学习的机会，而不是表明了自己能力不足。当全班学生都真正理解了他们可以通过犯错误来学习时，每个学生作为个体就不会介意为自己的错误承担责任了。他们会将错误看作是从同学们那里获得有价值的帮助的机会。他们实际上学到的是对自己的行为承担责任而感到骄傲，即使是犯了一个错误，因为他们知道犯错误并不意味着他们不好，或者会因此陷入麻烦。要教给孩子们犯错误是学习的大好机会，一种方法是让班里的每个人说说自己犯过的一个错误以及从中学到了什么。另一种方法是通过下面这个活动。

活动：犯错误是学习的大好机会

目的
帮助老师们意识到自己对错误的不健康观念
教给学生们有关"错误"的健康观念

步骤

1. 回忆一下你的童年和你的学生时代（或者，让学生们想想他们现在的经历）。想想你听到的那些关于"错误"的信息，包括说出来的和暗示给你的。将它们写下来。以下是一些典型的信息：

  · 错误是不好的

  · 你不该犯错误

  · 如果你犯了错误，你就是愚蠢、坏、无能，或者是个失败者。

  · 如果你犯了一个错误，不要让任何人发现。如果有人发现了，就要编个借口，即使这个借口不是真的。

2. 基于这些信息，当你犯了一个错误时，你对自己是怎么认定的，或者对该怎么做的决定是什么？一些典型的认定和决定如下：

  · 当我犯错误时，我就是坏人。

  · 如果我犯了一个错误，人们就会认为我很差。

  · 如果我犯了一个错误，就应该尽力不被发现。

  · 更好的做法是找个借口或者责备别人，而不是承担责任。

  · 如果我知道自己不能将事情做对或做完美，最好不要冒险去做。

3. 向学生们解释，所有这些决定都是关于错误的"疯狂观念"。跟学生们谈谈他们知道的一个因为试图掩盖自己的错误而使自己陷入困境的人。然后，讨论一下，当一个人承认自己的错误、道歉并努力解决所造成的问题时，别人是多么容易原谅他。

和善而坚定的领导者
运用鼓励，而不是赞扬和奖励

鼓励，是本书讨论的所有概念的基础。鼓励，能让学生们知道，他们做了什么与他们是怎样的人不是一回事；并且会让他们知道，他们会因为自己的独特之处而受到不加评判的珍惜。

问问自己，你对一个成绩报告单上都是 A 和 B 的学生会说什么。你可能会说："你做得太好了！你对此感觉一定很好。你真聪明。"如果这个学生只得了 D 和 F 的成绩，你怎么说呢？他同样需要支持性的反馈，但是，对你来说，要想出积极的事情就困难得多了。下面是一些例子：

- 你对自己的成绩有什么感受？
- 出什么事了？你知道自己的成绩为什么下降吗？
- 你愿意得到一些帮助来提高成绩吗？我很乐意帮助你拼写单词。
- 嘿，任何人都可能拿到糟糕的成绩。我们仍然非常喜欢你。
- 我敢打赌，你很害怕把成绩单拿给父母看。

下面是一个有关鼓励的活动，你可以与学生们一起做，或者在教师会议上进行。

活动：鼓励来了[①]

目的

帮助学生预见到他们有时可能会感到丧失信心，即便是在学会新技能之后

为他人作贡献

教具

索引卡片

钢笔或铅笔

一个用来装索引卡片的袋子或帽子

步骤

1. 给每个学生一张索引卡片。
2. 给学生们提供一些可能动摇他们自信的事情的例子：
   · 你尝试了一件事情，但没有用。
   · 你生气了，并且无法让自己停止大喊大叫或那么刻薄。
   · 你在努力的时候，有人批评你或嘲笑你。
3. 告诉这些学生，你希望他们在索引卡片上写下当他们的信心被动摇时，可能希望听到的鼓励的话语。如果他们还不会组织句子，就让他们口述给代写的人，或者用画画表达。要给学生们一些例子，比如："我知道你会搞清楚的"、"坚持住——你能够做到"，或者"想要帮助吗？如果你愿意，我可以帮助你"。
4. 在他们写的时候，告诉他们，今天每个人在离开教室时，都将带走一张其他人写的鼓励卡。
5. 绕教室走一圈，将他们写的卡片收起来，放到袋子或帽子里。要确保感谢每个学生。
6. 继续上课。
7. 下课前，让每个学生从帽子或袋子里拿一张卡片带回家。

[①] 该活动最早由伊丽莎白·丹恩和史蒂芬·福斯特设计，并由琳·洛特和简·尼尔森改进用于教室中。——作者注

和善而坚定的领导者
在学生的帮助下设立日常惯例表

　　日常惯例会让人有一种秩序感和稳定感。当每天的事情有一个平稳的节奏时，生活对每个人来说都会更轻松。一个惯例，就是学生们知道能够期望的一件事情。惯例本身就会成为"头儿"，所以，老师或学生们就不用再支配接下来该干什么了。学生们听到"谁能告诉我，惯例表中的下一项事情是什么"，要比听到"我需要你们现在开始做拼写练习"更能感觉到自己的力量。前一句话暗示着老师让学生们去查看惯例表，看看该做什么，而第二句话则暗示老师应该控制。很多学生在被告知要做什么时，会感觉自己需要反叛，但当他们能受尊重地参与这个过程时，便会高兴地做应该做的事情。

　　大多数老师都在自己的课堂上形成了很多惯例。我们建议你审视一下在哪些方面能让学生们参与设立惯例。为了获得最大的成功，要运用有限制的选择。要问学生们是愿意先做数学还是先做英语，或者他们喜欢把美术课放在午餐前，还是放在放学前的最后一节课。建立惯例对于安排班级事务时间、决定如何分发和收回学习资料、确定学生进入和离开教室的方式或小学生在课间休息时如何排队离开教室，以及在户外（比如，集合、实地考察旅行、消防演习）应该遵守的步骤等尤其有效。你可以通过遵循下面这个"设立惯例的五个指导原则"，来设立可预期、一致而相互尊重的日常惯例。要在班会上运用这些指导原则与你的学生一起制定惯例。

设立惯例的五个指导原则

1. 每次专注于一个问题。例如："首先，我们要制定一个班级事务表。使用一周后，我们再确定它是否好用。如果不好用，我们可以再找更好的方法来收发作业。"

2. 要在大家都平静下来时再讨论问题，而不是在冲突发生的时候。例如：如果你注意到一个惯例不起作用，你要先记下来，或把它放到班会议程上。当每个人都心平气和或者开班会时，向学生们寻求帮助，改进这个惯例。如果你试图在发生混乱的当时解决问题，可能会非常困难。

3. 要运用可视化的方式，比如表格和清单。在学生们就该做事情的先后顺序达成一致后，你或一个学生可以制作一个惯例表。当应该开始阅读时，你要问学生们："我们的惯例表中的下一项是什么？"惯例表就会代替老师成为"头儿"。

4. 通过角色扮演进行练习。让全班假设一项既定活动的时间到了，实际预演一次，以便每个学生都知道会发生什么事。

5. 一旦形成了一个惯例，就要忠实地遵循。如果一个学生质疑或忽略了一项惯例，就问他："你能查看一下惯例表，告诉我接下来该干什么吗？"要抑制住提醒和唠叨的冲动。要允许孩子们犯错误，然后，要让他们去看看惯例表上是怎么规定的。

建立惯例产生的长期好处是安全感、平静的氛围和信任。惯例还有助于孩子们培养人生技能。学生们学会了为自己的行为承担责任、感觉自己很能干，并在教室中合作。

召集父母、老师和学生参加的三方会议

我们提倡你取消父母和老师双方的会议，代之以父母、老师和学生三方参加的会议。很多老师告诉我们，他们已经这么做了。这些老师认识到了让学生们参与对他们有直接影响的所有事情的重要性。既然父母和老师见面的目的是鼓励学生，让学生参与进来不是更有意义吗？我们不是一直在教育学生"在背后议论别人是不礼貌的"吗？

为了保证父母、老师和学生三方的见面能起到鼓励学生的作用，要做一些事先的准备。要用以下问题做成一个"鼓励表"。

1. 哪些方面做得好？
2. 要鼓励和支持学生做得好的那些方面，需要怎么做？
3. 哪些方面做出改进会更有益？
4. 要支持这些改进，需要做些什么？

在这张表的顶部要列出学生的姓名、老师的姓名和学生父母的姓名。将这张鼓励表给学生及其父母各一份，你自己要留一份。你们三方在见面之前都要填写好这张表。不会自己书写的孩子，可以口述给你或一个助教代写。

在三方见面时，要对表里的每个问题逐一进行讨论。先让学生说说自己哪些方面做得好。然后，每个人可以说说自己对这些做得好的方面的欣赏。之后，一起用头脑风暴提出为鼓励和支持学生在这些方面继续成功所需要做的事情。

接下来，要让学生先说自己哪些方面需要改进。学生们知道

自己哪里需要改进，而且，让学生先说会增强他们的责任感，不会出现由老师或父母先说而可能给学生造成的戒备心理。然而，与会的每个人都说出自己的观点是很重要的。同样，每个人都要用头脑风暴提出鼓励和支持学生改进的方法。要让学生选择哪些建议最有帮助。当这个学生和两个大人对需要改进哪些方面有分歧时，要让每个人轮流说出他或她的理由，另外两个人要倾听。父母和老师的目标有可能得不到学生的认同。然而，除非三方的目标达成一致，否则，学生会使所有改进的努力都前功尽弃。

老师和学生的父母也许可以从《用你的长处高飞》一书的观点中获益。这本书的开篇，讲了一个关于上同一所学校的一只鸭子、一条鱼、一只老鹰、一只猫头鹰、一只松鼠和一只兔子的可爱的寓言故事，这些动物要学习一项包括奔跑、游泳、爬树、跳跃和飞翔的课程。所有这些动物在其中至少一个方面都有自己的优势，但在其他方面则注定会失败。当看到小动物们的父母和老师坚持认为他们要毕业就必须在每个方面都做得很好，并要成为无所不能的动物，而使小动物们遭到惩罚并产生挫败感时，真的让人非常难受。这本书的一个主要观点是："只有通过专注于自己的长处并控制自己的弱点——而不是消除弱点——才能造就卓越。"

要教学生们控制自己的弱点，并用自己的长处高飞。父母、老师和学生能够一起努力，帮助彼此展翅飞翔。这就是当人感觉受到鼓励时的做法。

你是哪种动物？自我认知是和善而坚定的领导风格的关键

下面是思考你是哪种类型的领导者，以及你的个性会如何影响你在教室里的工作的另一种方法。你是变色龙，乌龟，狮子，还是老鹰？回答以下问题，就能找到答案：

你最想逃避面对的是哪种情形：痛苦与压力，拒绝与争吵，无意义与无足轻重，批评与嘲笑？

把这些词大声读出来会有帮助，要注意你在听到其中一组词时是否有不舒服的反应。

痛苦与压力 如果你选择的是痛苦与压力，你就是一个乌龟型的老师。作为一个领导者，你可能很有创造力、很有策略、容易相处，并且娇纵或溺爱学生。当你遇到压力时，你会缩进可爱的乌龟壳里。或者，如果事情太令人抓狂，你会变成一只咬人的乌龟，将其他人都吓走，直到你感觉安全为止。想要挑战自己的领导力吗？我们有三条建议给你：设立惯例，与他人沟通，允许孩子们体验他们的选择所造成的后果。

拒绝与争吵 如果你选择的是拒绝与争吵，你就是一个变色龙型的老师。你的领导风格就是调整自己适应别人。你友善、乐于付出，但易受伤害。有时候，你会让自己成为一个受气包，或者独自承担起一切。你喜欢被自己的学生喜爱，所以，你不得不谨小慎微地不让事情失控，或者为了满足你自己对"被认可"的需要——而不是你对秩序的需要——来行事。当你有压力时，你需要设立界限，和学生们一起解决问题，并且要说出你的真实感受，而不是过分让步。要当心说闲话，或在想说"不"时，却说"是"。

无意义与无足轻重 那些选择了无意义和无足轻重的，就是狮子型的老师。你是知识渊博的学者；你主动进取并有崇高的理想。不幸的是，你会把自己搞得筋疲力尽，或者低估别人的能力。你可能会像逼迫自己一样逼迫他人，因为你总想着事情永远可以做得更好。在教室里，我们建议你放下对"正确"的执著，注重于信任别人，并要有耐心。由于你想给别人提供好的建议，你有时候会给人留下傲慢或吹毛求疵的印象，但这不是你的本意。我们认识一些狮子型的老师，当他们感觉受到威胁时，他们会大声吼叫或者蛮横粗暴地回应别人。你不是这样的，对吗？

批评与嘲笑 最后，如果你选择的是批评与嘲笑，你就是老鹰型的老师。这使你成了一个喜欢掌控的提前计划者。你可能会超级有条理，或者超级散漫，怀着最美好的愿望将事情拖延下去。将事情分派给他人，对你而言是很难的。你喜欢成为一个能够料理事情的有帮助的人。当你感到压力的时候，你往往会退回到你的巢穴里，这可能会吓到你的学生，因为他们会感觉被你抛弃了。当你认为自己受到批评时，你可能会从一个学生们很了解的随和的老师，变成一只尖叫着攻击的猛禽。想要改善你的领导风格吗？说出你的感受，将事情分派给他人并给人们提供选择怎么样？

如果你发现有关领导风格的这部分内容既有帮助又有趣，并想了解更多内容，你可以在琳·洛特的网站 www.lynnlott.com 找到一张有更多信息的互动表。

改变是一个连续的过程

很多老师习惯了命令学生，而很多学生也习惯了被老师命令。当你用赋予孩子力量的习惯来代替不管用的旧习惯时，改掉旧习惯就会更容易。当你开始帮助学生培养自己解决问题的能力时，要预料到他们会不情愿。从来不必承担责任的学生（因为老师通过惩罚和奖励，把责任都承担了），在开始时对这个想法不会感到很兴奋。然而，一旦他们体验到作为一个对班级有能力做出贡献的人所带来的尊严、尊重和自我满足感，他们就能成功地应对这一挑战。

要理解，学生会发现很难改变自己的行为，除非老师改变他们自己的行为。为帮助学生们学会自我控制、自律、承担责任和解决问题的技能，你要毫不犹豫地带头改变自己的行为。

和善而坚定的领导者，对改变会抱着现实的态度。改变是一个包括意识和技能培养、练习和时间的过程。可以想想学骑自行车的情形。大多数人都不是在第一次尝试时就跳上两个轱辘的自行车沿街骑走了。刚开始，你或许没有意识到自己不掌握骑车的技能，而是想："我可以骑。"一旦你跨上自行车，你会意识到自己没有掌握技能，心想："我永远也学不会骑这个东西。"在辅助轮或旁边有人帮助的情况下，你开始熟悉踩脚踏板，但你仍然会大叫："别撒手！别撒手！"随着你在辅助轮和别人的帮助下更多地练习，你会变得更熟练，并且最终会意识到自己掌握了技能，心想："我做到了！我做到了！"在某个时候，辅助轮被卸了下去，或者在你身边跟着跑的人松开了手，你意识到自己会骑车了，即便你还是摇摇晃晃或者甚至摔倒一两次。一旦你掌握了骑车的方法，你在不知不觉中就能熟练运用了，可以轻松地驾驭你的自行车了。即便你几年不骑车，你也会告诉自己："骑自行车是我永远也不会忘记的事情！"

这与和善而坚定的领导风格有什么关系呢？我们认为，向正面管教转变的过程与此是一样的。作为一个老师，你在一开始可能会想："这不费什么劲，我能够做到。"这是你还没有意识到自己缺乏技能的阶段。

一旦你试图搞清楚从哪里开始，事情可能就会显得太难、太复杂。不要就此止步——这只是你意识到了自己没有掌握技能。通过"辅助轮"的帮助和练习，你会更有信心地尝试新工具，尽管你在做每一件事时仍然需要琢磨，甚至有时可能会完全失败。这时，你是在有意识地掌握技能。有一天，你会回忆起自己向正面管教的转变，并怀疑自己是否曾经有过不按正面管教方法做的时候。这时，就是你不知不觉熟练运用正面管教的阶段。

对于学生们来说，也是如此。改变是有挑战性的，并且需要时间和鼓励。大多数孩子都来自于垂直领导风格的家庭，在家里父母是"头儿"，并对自己不喜欢的行为进行惩罚。或者，他们事无巨细地不断管孩子。这种孩子不习惯于自己思考，或者为自己的行为承担责任。在一个和善而坚定的老师的领导下，这些孩子能做出转变，但不会在一夜之间完成。然而，其结果是值得为之付出的努力的。如果你在新学年的开始就对孩子们进行一些有益的训练，保持耐心，并坚信孩子们能够达到在不知不觉中熟练运用的阶段，这一学年的其他时间对每个人来说就轻松多了。

运用老师互助解决问题的步骤

你曾经注意过解决别人的问题有多么容易吗？原因很明显。当我们不掺入自己的情感时，我们就能客观而透彻地看待别人的问题。

但是，那些挑战老师的学生，常常能按中导致老师们被动反应而不是主动行动的按钮。这些学生们比普通学生需要更多的理解和鼓励——那些需要面对这种挑战的老师也是如此。

当你遇到一个纪律问题时，你的学校也许有一个可供参考的处理程序，你或许应该将问题交给学校的管理人员或心理咨询老师去处理。我们建议，你在这样做之前，要先试试第 45 页的"老师互助解决问题的步骤"。你最终也许会看到一个给你的学生带来积极影响的令人鼓舞的变化。很多老师发现，使用这 14 个步骤会让他们想出很多鼓励学生并转变学生行为的好主意。老师和学生都感到通过这个过程被赋予了力量，而需要转给学校处理的情形会极大地减少。

"老师互助解决问题的步骤"适用于一组若干名老师，大家要轮流做主持人、志愿者（自愿介绍一个具有挑战性的问题）、参与者（参与角色扮演并用头脑风暴提出问题的解决方案）。然而，你也许想和一两个朋友（要有一人自愿介绍一个具有挑战性的问题）使用这些步骤。如果你任教的学校在全体教师中运用"老师互助解决问题的步骤"，在更大范围内主持之前，你可以先和一两个朋友进行练习。

这些步骤会使你得到一个能让孩子们做得更好并感觉更好的行动计划。这并不是说志愿者介绍的问题就是你面临的问题，但这个过程确实考虑到了一个强有力的理念，即如果老师改变一点自己的行为，就会让孩子们的行为发生很大的变化。

这里的诀窍在于，要严格遵循这些步骤，并信任这个过程。作为主持人，你要大声读出这些步骤（见接下来几页的内容），在每一个步骤之间要稍作停顿，给"志愿者"一个机会对每个问题作出简短回应。一定要有一张第 56～58 页的"错误目的表"（在第 5 和第 6 步会用到）。除了第 2 步和第 3 步所需要的信息以及第 10 步用头脑风暴提出的建议之外，你不需要写下任何东西。

拿一张写有这 14 个步骤的纸放在腿上，并用一张白纸盖住。每次露出一个步骤，大声读出来，以便志愿者能够做出回应。完全没有必要记住这些步骤。把它们读出来有助于你遵守这些步骤。不要分析，也不要添加步骤中没有的信息。对——不要分析！

老师互助解决问题的步骤

1. 感谢这名"志愿者"愿意在整个过程中做你的搭档，因为每个人将从她或他的分享中学到东西。

2. 把下面的信息写在挂纸上（在练习时，可以是一张白纸）。你教的是几年级？给挑战老师的学生（或几个学生）编个名字（出于保密的考虑）。这个学生多大年龄？

3. 给遇到的问题起个标题，可以是一个词或一句话。

4. 描述这个问题最近一次出现的情景，要有足够的细节和对话（像一个电影脚本一样），以便你和其他人在后面的步骤中能够对这个情景进行角色扮演。（如果这名志愿者需要帮助来描述这个情景，你可以问："你做了什么？""那个学生怎么做的？""然后发生了什么？""接下来发生了什么？"）

5. "你是什么感受？"（如果这名志愿者难以用一个词表达自己的感受，可以参考"错误目的表"的第二列〔见第 56～58

页〕，以便他或她可以从中选择一组相符的感受。）

6. 基于这种感受，用"错误目的表"猜测学生的错误目的。（猜得正确与否并不重要。在角色扮演中可能会出现新的信息。猜测能给你提供一个可作为基础的假设。）

7. 你愿意尝试一些其他更有效的方式吗？

8. 尽最大努力（考虑到你们可能只有两个人）设置并角色扮演所描述的那个情景。（记住，即便是短短一分钟的角色扮演都可能给出你们需要的全部信息。如果你们还有富余的人可以帮忙，他们也可以作角色扮演。通常，最好由介绍问题的那个人角色扮演那个学生——以"进入那个孩子的内心世界"。）

9. 做过角色扮演后，你们每个人都要说说作为自己扮演的那个人，有什么想法、感受和决定（将怎样做）。

10. 一起做头脑风暴，提出志愿者可以尝试的可能的解决方法。把每个建议都写下来。（在一个人数较多的小组中进行这一步时，志愿者在听别人用头脑风暴提出可能的解决方法时，要坐到一个不会对别人造成影响的"静锥区"。）

11. 让这个志愿者选择一个她或他愿意尝试一周的建议。

12. 为了练习，要对被选中的建议进行角色扮演。询问这个志愿者是愿意在角色扮演中练习实施被选中的建议，还是愿意角色扮演那个孩子，以便从孩子的角度看看是什么感受。然后，让每个角色扮演者像在第9步那样，说说自己的想法、感受和决定。

13. 你愿意承诺尝试一周被选中的建议，并在一周结束时跟大家分享结果吗？

14. 感激这名志愿者所做的工作，或许要包括你（作为一个参与者）从中学到了什么。

教师互助解决问题中出现的典型问题

1. 你没有遵循主要原则，或者没有坚持按照步骤进行。

2. 你陷入了"志愿者"所描述问题的背景中。重要的是专注于问题发生的当时。背景信息对于这个过程而言是不必要的。

3. 你对信息进行了分析、质疑和评价。

4. 你没有考虑建议运用你在看这本书的过程中学到的一些工具，或者"错误目的表"最后一栏的工具。

5. 你跳过了一些步骤，比如角色扮演或感激。每个步骤都很重要，即便你们只是两个人在进行练习。

"教师互助解决问题步骤"将了解、评估、诊断工具、处理计划、行动方案及鼓励过程合为一体。这些步骤之所以有效，是因为它们为老师们做出积极的改变提供了切实可行的理念和技巧。与其他老师一起进行这些步骤，不仅很有趣、很安全，而且还消除了那种常常专注于事发原因、责备别人、找借口而不是有益行动的无休止的分析。

即使那些原本不愿意尝试"教师互助解决问题步骤"的老师，都对他们在这个过程中得到的鼓励和帮助留下了深刻印象。他们对自己通过角色扮演学生（或其他人）而获得了对学生那么多"设身处地"的理解感到震惊。他们很喜欢从同事那里得到的鼓励，以及能用来鼓励学生的大量的好主意。（此外，这些步骤对于任何人际关系问题都管用，无论是在家里、工作中还是在学校里。）

一个教七年级的老师在午餐时间与另一位老师尝试了这些步骤。她起初不愿意这样做，认为步骤太多了。像很多老师一样，她认为这会给她增加更多工作，而不是减轻工作负担。结果如下：

让我们喜欢的是，在解释了发生的情形之后，我们开始表达它给我们带来的感受。在进行过所有14个步骤之后，我们讨论了这与我们通常的做法——也就是抱怨——有多么不同。无论如何，我们真正喜欢的是我们能够表达自己的感受了，这使我们从心里认为这件事情所花的时间是值得的，并且，一旦我们看到自己对这种方式有多么适应，就改变了我们在与学生相处中的严厉态度。我们希望全校老师都使用这14个步骤！谢谢你们！

让你不断受到鼓励的其他建议

在向和善而坚定的领导风格转变的过程中，你需要找到让自己不断受到鼓励的方法，尤其是在你的学校里只有你一个人这样做的情况下。如果你能找到志同道合的老师或创建一个由志同道合的老师组成的小组，经常作为一个可信赖的团体见面，是最好的。如果做不到，你可以在 www.positivediscipline.ning.com 网站与其他实行正面管教的教育工作者保持联系，这是一个父母和老师们在运用正面管教过程中相互支持和鼓励的友好的网络社区。

如果你还没有参加过为期两天的正面管教培训，你可以在 www.positivediscipline.com 和 www.positivediscipline.org 找到培训安排。正面管教协会在为期两天的"教室里的正面管教"培训中，提供"教师互助解决问题步骤"的详尽培训。你还可以邀请一个正面管教培训主持人把为期两天的培训班带到你的学校。

当我们刚开始学习正面管教时，让我们两个人不断受到鼓励的一种方法，是将我们自己想学习的内容教给其他人。我们每教一次父母和老师培训课程，就会取得更大的进展。我们邀请你利用已经出版的很多正面管教书籍和手册将你想学的东西教给其他人。如果想在培训别人之前自己先接受培训，正面管教协会有很多项目能让你成为正面管教注册导师。

正面管教的实际应用

当我作为校长来到罗斯福小学时,发现这里解决纪律问题的方法是以外在的奖励和惩罚为中心的①,小卡片被用来奖励学生们的好行为(如果一个孩子做了任何好事,他或她就会得到一张卡片)。这些卡片放在一个罐子里,每周抽出10张,并颁发一个奖品。每学期的最后一天,学校举办一次颁奖会,从一个装满卡片的盒子里抽出大约20张卡片,颁发一个更大的奖赏。学生出现纪律问题时,承担后果的方式是让学生离开教室、停学或待在一个叫做"中心"的地方。一位教学助理负责这个中心。她帮助被请出教室的学生做功课、写道歉信或破坏规则的经过以及他们本应该怎样做。每一种情景实际上都有各自的处理套路。

来到学校的第一个月,我在课间休息时去了这个中心,发现18名学生挤在一间设计容量不超10人的小房间里。当我问这些学生的时候,几乎没有哪个学生知道自己为什么被送到这里来,以及将被请出教室多久。就在那一天,我意识到罗斯福小学对学生的干预方式应该改变了。我也知道,这件事并不容易,因为这个中心是三十天前我成为校长时老师们告诉我唯一需要保留的东西。

我用了一年的时间,才在学校中造成了一种认同改变旧管教方式的氛围。我们办了一个为期一天半的培训,学习如何实施正面管教。在培训中,我希望我能说每个老师都一致赞同,并且立即转变了,但这不是事实。当我看老师们的表情时,就知道有些老师并非真心想参加培训;然而,体验课让一些老师从不愿意变成了愿意尝试。那些没有看到改变的需要的顽固老师,在第一年没有做出改变。

---

① 这个拥有500名学生的小学已经改了校名,并且校长要求匿名。这所学校30%的学生符合获得免费和减价午餐的资格。——作者注

但是，我已经看到大多数抱着抵制态度的老师逐渐接受了有益于舒缓身心的"暂停"，或者称为"夏威夷"、平静桌，以及我们的选择轮（见第7章），因为这些方式更有效。班会现在成了罗斯福小学的常规活动。尽管还有一些小的抵制，但大多数老师都会召开班会，并对教室氛围的改变感到很惊奇。作为校长，我每天都会看到一些情形，向我表明正面管教极大地改变了孩子们与人沟通自己的感受的能力、采用解决人际问题的策略的能力，以及对他人的问题共情的能力。我还相信，这种至关重要的思考方式，在学业上也对孩子们有很大的帮助。

今天，我的几次经历让我看到了正面管教的力量。我在午餐室时，一个小女孩走到我身边，说："我向乔治说了三次'我'式句，他仍然没有停止干扰我。"如果是去年，这个小女孩（我叫她玛丽）就会反击这个男孩，把他从午餐凳上推下去。让我感兴趣的是，她现在的真正问题和愤怒不是由于那个男孩的烦人行为，而是在她说了三次"我"式句之后，那个男孩仍然不听。当我和这个男孩说这件事情时，他辩解说玛丽只说了一次"我"式句，如果是三次的话，他肯定会作出回应。他很快就接着说，他不会再干扰她了，并说他"真的没有听清这个女孩第一次说'我'式句"。如果是两年前，这两个三年级孩子的问题就会升级为吵架或打架。

另一个变化是学生们的父母。我们学校的心理辅导员和父母们一起努力，帮助他们解决与孩子的沟通问题。在最近一次教师、父母和学生见面会上，她介绍了一些正面管教的概念，包括"错误目的表"。这是我们学校全学年与会人数最多的一次教师、父母和学生见面会，有些学生的父母双亲都来参加了。后来，一位母亲说她认为正面管教对于她的孩子非常重要，并且是罗斯福小学做得最好的事情之一。

一种文化不会在一夜之间就完全改变，甚至在两年内都不会彻底改变，但是，在罗斯福小学，这个过程已经开始了。现在，我们的学生、老师和父母们为营造一种更有效的学习环境，正努力以一种相互尊重的方式行事。我们现在已经有了以一种相互支持的方式互动的知识和技能，因而达到了一种双赢局面。在正面管教进入罗斯福小学之前，尊重只是一个词，而现在它成了行动。

第4章

人们为什么那样做

意义不是由情形决定的,但我们会以自己赋予情形的意义来决定我们自己。

——阿尔弗雷德·阿德勒

丧失信心是所有不良行为的根源。

——鲁道夫·德雷克斯

一个行为不良的学生,是一个丧失了信心的学生。当学生们相信自己没有归属时,他们通常会选择以下四种错误目的行为中的一种:

· 寻求过度关注
· 寻求权力
· 报复
· 自暴自弃

当你在教室里面对不良行为时，在了解错误目的（冰山位于水下的部分）之前，你处理"冰山位于水上的部分"（行为）是完全自然的。奥丽芙挥舞着手，又蹦又跳地喊着："老师！老师！"你的自然倾向是什么？你会通过点名让她回答问题、纠正她来给她关注吗？甚至像这样给她上一堂简短的历史课："奥丽芙，我已经告诉过你多少次要等着轮到你了？如果我再说一遍，我就已经告诉你一千遍了。把你的手放下来，等着其他同学把话说完。"你可以把这句话再说上一百遍，但奥丽芙会继续她的恼人行为。为什么？因为她认为只有在得到持续关注时，她才重要。

接着是内特，他在排队时连挤带推，想要排在第一个。在操场上，他把球从其他学生那里夺走，以便他自己玩。在课堂上，他总是不听话，跟你对着干并且很顽固。还是那个问题，对于这种"冰山位于水上部分"的行为，你的自然反应是什么？大多数老师（也包括父母）会反击，让内特看到他不能"说了算"。内特在某种下意识层面上相信，为得到归属，他必须赢，并处于控制地位，所以他会抗争大人对他进行控制的企图，并坚持拼到底。

彼得穿着脏衣服来上学，并且经常找其他同学的茬打架。因为他不怀好意，孩子们都不喜欢他，也不想挨着他坐。大家都知道他偷了其他孩子的文具，然后还撒谎，说他不知道谁拿了瑞安的新铅笔。你很容易对彼得的行为表现出公开的厌恶，试图通过长篇大论的说教来让他顺从，并且让他知道他的行为有多么让人无法接受。但是，彼得的行为只是冰山位于水上的部分。而下面隐藏的是，他感觉受到了伤害、没有人爱他、没有人喜欢他以及自己不够好，他相信他必须通过伤害那些妨碍他的人来扳平。

最后，是小莉莉，她在开始做任何事情之前，就放弃了。无论你怎样哄她劝她，她都不会尝试。她会尽最大努力让自己不引人注目，直到最终你不再问她任何事情。她最后有可能被贴上"有学习障碍"的标签，但这只是简单地处理了冰山位于水上的那部分。下面隐藏的是，她相信自己无论做什么事情，都做得不够好，所以，她为什么还要费力尝试呢？她会尽量使自己成为最后一名，并使同学和老师们对她不再抱任何期望。

"错误目的表"将帮助你理解冰山位于水下的部分——那些助长一种行为的令人沮丧的信念。

错误目的，是由鲁道夫·德雷克斯发现的。当有人问他："你怎么能老把孩子们往这些框子里放呢？"他回答说："不是我老把孩子们往这些框子里放，而是我老在那里发现他们。"错误目的表将帮助你识别学生的错误目的，并提供了一些有助于改变他们的错误信念的鼓励方式。很多老师将这张表的复印件放在办公桌上，作为在面对问题行为时的一个快速的参考。

下面介绍的是"错误目的表"的使用方法。回想一下奥丽芙、内特、彼得和莉莉。在你的班级里有和他们行为一样的学生吗？看看"错误目的表"第2栏：在所列出的感受中，哪一种与你的感受最接近？你的感受是让你了解孩子的错误目的的第一条线索。看看表的第3栏：你对孩子的行为通常会做出什么回应？这个学生会做出表中第4栏所描述的反应吗？这是你判定这个孩子错误目的的第二条线索。这四栏能让你看到冰山位于水上的部分。

表的第5栏解释了冰山位于水下的部分，即你看不见的那部分。这是孩子们对如何归属和感受到自己的价值的错误理解。第6栏向你显示的是，当孩子们"行为不良"时，他们是在用密码说话。当大人们学会如何破译这种密码，而不是使孩子丧失信心时，就会取得更好的效果。表的第6栏帮助老师们通过理解一个孩子在用编码信息说什么，来破译密码。表的最后一栏提供了老师们可以采用的一些鼓励性并赋予孩子力量的具体干预措施。

错误目的表

孩子的目的是：	如果父母或老师的感觉是：	而且想采取的行动是：	如果孩子的回应是：	孩子行为背后的信念是：	密码信息：	父母或老师主动的、赋予孩子力量的回应，包括：
寻求过度关注（让别人为自己忙碌或者得到特殊服侍）	心烦；恼怒；着急；愧疚。	提醒；哄劝；替孩子做他们自己能做的事情。	暂停片刻，但很快又回到老样子，或换成另一种打扰人的行为。	唯有得到特别关注或特别服侍时，我才有归属感。唯有让你们为我团团转时，我才是重要的。	注意我。让我参与并发挥作用。	通过让孩子参与一个有用的任务，转移孩子的行为（例如：说"我将怎么做（例如：我爱你，一会儿会陪你）；孩子特别服侍；相信孩子能够处理自己的感受（不要替孩子解救）；安排特别时光；帮助孩子建立日常惯例；让孩子参与解决问题；召开家庭会议或班会；设定一些无言的信号；把手放在孩子肩上；忽略孩子的行为。

续表

孩子的目的是：	如果父母或老师的感觉是：	而且想采取的行动是：	如果孩子的回应是：	孩子行为背后的信念是：	密码信息：	父母或老师主动的、赋予孩子力量的回应，包括：
寻求权力（我说了算）	生气；受到了挑战；受到了威胁；被击败。	应战；投降；心想："你脱"或"瞧我怎么收拾你"；希望自己能做对	变本加厉。虽服从，但藐视。看到父母或老师生气，而觉得自己赢了，即使自己服从了。消极对抗。（说"行"，但并不行动）	只有当我说了算，或由我来控制或能证明使谁都信不了我时，我才有归属感。你强迫不了我。	让我帮忙。给我选择。	通过让孩子帮忙，转移孩子的行为；提供有限制的选择；不要开战，也不要让步；从冲突中撤出；坚定而和善；只做，不说；决定你要做什么；让日常惯例说了算；离开并平静下来；培养相互的尊重；设立几个合理的限制；练习坚持到底；运用家庭会议或班会。
报复（以牙还牙）	伤心；失望；难以置信；憎恶。	反击；羞辱；心想："你怎么能做出这样的事？"	反击；变本加厉；行为升级或换另一种武器。	我没有归属感，所以我在伤心时就要伤害别人。没人喜欢我，没人爱我。	我很伤心。认可我的感受。	承认孩子伤心的感受；避免惩罚和还击；建立信任；运用反射式倾听；说出你的感受；做出弥补；表现你的关心；鼓励其长处；同等地对待孩子（不要选边站）；召开家庭会议或班会。

57

续表

孩子的目的是：	如果父母或老师的感觉是：	而且想采取的行动是：	如果孩子的回应是：	孩子行为背后的信念是：	密码信息：	父母或老师主动的、赋予孩子力量的回应，包括：
自暴自弃（放弃，且不愿别人介入）	绝望；无望；无助；无能为力。	放弃；替孩子做他们自己能做的事情；过度帮助。	更加退避；变得消极；毫无改进；毫无响应。	我没办法归属，因为我不完美，所以，我要让别人对我不寄予任何希望；我很无助，很无能；尝试是没用的，因为我做做不对。	不要放弃我。让我看到如何迈出一小步。	把任务分成小步骤；停止任何批评；鼓励任何积极的尝试；相信孩子的能力；关注孩子的优点；不要怜悯；不要放弃；设置成功的机会；教给孩子技能，并示范怎么做，但不能替孩子做；真心喜欢孩子；以孩子的兴趣为基础；召开家庭会议或班会。

58

同样的行为，不同的目的

有些行为可能会符合所有的错误目的。孩子不做家庭作业就是一个很好的例子。当一个孩子没有做家庭作业，让你感觉恼怒或着急时，这个孩子的错误目的就是"寻求过度关注"。当这种行为让你感觉受到了挑战或被击败时，这个孩子的错误目的就是"寻求权利"。当这种行为让你感觉受到伤害或失望时，这个孩子的错误目的就是"报复"。当这种行为让你感觉无望或无能为力时，这个孩子的错误目的就是"自暴自弃"。

冰山丛林

冰山丛林是我们在讲习班中开展的一项活动。它有助于老师们理解"错误目的表"，理解惩罚的长期效果，并学会如何用鼓励和赋予孩子力量的话语来代替令人沮丧的话语。我们的很多老师都愿意鼓励孩子，但是，他们并不总是能想出鼓励的话。为了帮助他们，我们列出了一个适用于每种具体错误目的的鼓励话语清单，以及一个适用于所有错误目的的话语清单。

为了尽可能充分地理解，我们鼓励你和一组老师一起做这项活动。我们发现，当老师们体验一项活动，而不是只看文字介绍时，他们学到的会更多，并且记忆得更长久。

活动：冰山丛林

目的

帮助老师们理解惩罚的长期效果

帮助老师们用鼓励并赋予孩子力量的话语来代替令人沮丧的话语

步骤

1. 将老师们分成4组，每组4~6人。每一组练习"错误目的表"中的一种错误目的。

2. 各组从下面4张招贴画中拿一张与本组错误目的相应的画。

3. 给这4组老师一些记事贴。让他们写下那些使他们感觉到"错误目的表"的第2栏中的感受的行为，并将这些记事贴贴在招贴画中冰山位于水上的部分。

4. 代表"寻求过度关注"小组的老师们选1人来扮演学生。其余的站在椅子上排成一行，扮演"老师"。这个"学生"将招贴画拿在自己胸前，沿着队列走，在每位老师面前停一下。

5. 站在椅子上的"老师们"，根据"错误目的表"第3栏，以夸张的动作或话语对记事贴上的行为做出反应式的回应。这个"学生"不做回应，只是听这些令人沮丧（但很熟悉）的话语，并且注意自己的想法、感受和决定。

6. 在角色扮演结束时，这个"学生"要告诉大家在听着老师们说那些话时，自己有什么想法、感受和决定。通常，这个"学生"会说类似这样的话："我当时想的是，这些老师真刻薄（或愚蠢）。我感到很生气（或伤心）。我决定躲着他们，并且要反抗（或放弃）。"我们也会问"老师们"，当他们如此令人沮丧时，他们有什么想法、感受和决定。他们中有很多人都承认，他们知道自己的做法是无效的。他们只是不知道还能怎么做。

7. 让这个"学生"看看品格和人生技能清单（第 13~14 页），并问他或她是否学到了清单上的任何一项。回答总是"没有"。

8. 让"老师们"从椅子上下来，给他们一些小纸条，每张纸条上写有一句或几句鼓励的话。这个"学生"再次沿着队列走，并且在每位"老师"面前停一下，听"老师"大声读出一句鼓励的话。

9. 之后，问这个"学生"在听到这些话时有什么想法、感受和决定，并问他或她学到了品格和人生技能清单上的哪些项。通常的回答是："其中的大部分。"也让老师们谈谈他们当时的想法、感受和决定。很多老师都对自己以前没有意识到在使用鼓励的话语时，自己感觉那么有效感到惊讶。

10. 代表其他错误目的的小组重复这个过程。

适用于"寻求过度关注"的鼓励话语

· 咱们来做个交易。你坐下做一些功课，课间休息时我们就能到外面去玩几分钟。

· 这很重要。请把它放到班会议程上。

· 我听到你的问题了，但我要到课间休息时才能回答。

· 你愿意分发这些作业吗？

· 这对我不管用。如果你愿意，我很乐意在你准备好的时候，和你以尊重的方式谈一谈。

· 现在是安静时间。我们可以过一会再大声说话。

· 我很在乎你，但我的回答是"不"。

· 请把这个想法留到特别时光。

- 明天，你可以用整整一分钟时间带着一组人扮鬼脸。
- 过一会儿再问我。

适用于"寻求权力"的鼓励话语

- 你对我们达成的约定是怎么理解的？
- 我们的约定是什么？
- 我需要你的帮助。对于解决这个问题，你有什么主意？
- 让我们来商量一下。为什么你不把你的想法告诉我，而我也把我的想法告诉你，然后来看看有没有我们都能接受的方法呢？
- 什么方式对你最有帮助——是把这个问题放到班会议程上，还是从"选择轮"（见第7章）上找一个解决办法？
- 不用争论，你想把这个问题放到我们班会议程上，还是我放？
- 这是一种方式。我的看法不一样。想听听我的想法吗？
- 即便达不成一致，我们也可以相互倾听。
- 我认为我们陷入了权力之争。让我们花点时间平静下来，然后再重新开始。
- 我们将继续这样做，直到我们有时间制订一个我们都喜欢的计划。

适用于"报复"的鼓励话语

- 你真的感到很伤心。我很难过。
- 为什么我们不休息一下，冷静下来，然后再回来试一次呢？

・我不想知道是谁挑起的。我想知道我们怎样才能以尊重的方式解决问题。

・你一定很生气，因为你总是陷入麻烦，而_____总是能悄悄溜走而不被抓到。

・我们一起去操场走走。

・当你伤害别人时，我想知道你对伤害是什么感受。

・看上去你今天过得很糟糕。想跟我说说吗？

・你知道我真的在乎你吗？

・我们能解决这个问题，但不是这种方式。

适用于"自暴自弃"的鼓励话语

・还记得你第一次尝试_____吗？还记得你用了多长时间才很擅长做那件事吗？

・先做这一小步，怎么样？

・我们一起来做这件事。

・通过尝试新的事情并一次又一次地做，你的头脑会变得更聪明。

・犯错误没关系。那是我们学习的方式。

・你的微笑照亮了我们的房间。

・我来写第一个字母，然后你写下一个。

・我不记得怎样_____。你能做给我看吗？我真的需要一些帮助。

适用于所有错误目的的鼓励话语

·你愿意和我一起搞清楚你是否想提高成绩吗？如果是，你该怎样做呢？

·你把器材放好，我们就能做下一项活动了。

·让我们试这个方法一个星期，然后我们可以重新评估。

·你可以再试一次。

·当我准备好再试一次时，我会让你知道。

·我想知道，你对什么事情这么心烦（或生气、伤心、恼怒，等等）。

·哇！你真的很生气（或心烦、恼怒，等等）。想跟我说说吗？

·我感到_____因为_____并且我希望_____。

·铅笔。安静。过一会儿。课间休息。（只说一个词！）

·我能看出来，这对你真的很重要。

·我能看出来，你为这件事情多么努力，以及投入了多少时间。

在你看上面的冰山丛林活动和鼓励的话语时，你可能会想到很多能运用它们的地方。你也许想把这些话语复印一些，放在触手可及的地方，以便在你知道需要鼓励学生们但却想不起该怎么说时能有个参考。这些话语稍作修改，就能运用于家庭、工作，或伴侣之间。

你还可以把4种错误目的教给你的学生们。那些教给自己的学生如何使用"错误目的表"来识别丧失信心的行为，并且找到切实有效的选择的老师们都说，这是营造和睦教室的最有力的工具之一。

对于孩子们来说，更好地理解行为背后的信念以及"行为不当的人是丧失信心的人"这一事实，是很令人鼓舞的。下面这项活动将教给学生们如何运用头脑风暴技能来相互鼓励。

活动：四种错误目的

目的

以可以带来改变的方式，教给学生们相互鼓励的工具

帮助有问题行为的学生在教室里找到归属感和自我价值感，而不是必须做出问题行为——用积极主动代替被动反应

教具

一份放大到所有人都能看到的"错误目的表"

步骤

1. 把"错误目的表"挂在显眼的地方，让你的学生们想一个令他们感到恼怒的情形。指向第2栏中的"恼怒"，将你的手指在表上慢慢移向最后一栏，让学生们看到在他们感到恼怒时能采用的鼓励性回应。再指向第5栏，即孩子行为背后的信念。告诉你的学生们，如果他们感到恼怒，那个给他们造成问题的人可能在想："只有我被关注或得到特殊服侍时，我才有价值（得到归属）。只有让你们为我忙得团团转时，我才是重要的。"

2. 手指指向第1栏，让学生们知道这个孩子的错误目的叫作"寻求过度关注"。

3. 要强调，如果一个学生想帮助一个人改变其令人恼怒的行为，他或她必须要做的就是使用该表最右侧一栏里的鼓励性的解决方案。

4. 针对每一种错误目的，重复这个练习。即，要求学生们想一个让他们感到生气（寻求权力）、伤心（报复）或者无望（自暴自弃）的情形。像刚才对"寻求过度关注"所做的那样，把这些感受都体验一遍。

5. 要向学生们指出，如果他们只简单地做出反应，而不是理解信心的丧失，并提供更多鼓励性的选择，结果只会是这些"不良行为"的继续。

说明

学生们得到的强有力的信息是，他们可以让自己的行为变得具有鼓励性，并且这会促使对方改变行为。"错误目的表"给出了能让行为不良的孩子们以更加尊重、鼓励和被赋予力量的方式行动的一些建议。

一旦学生们理解了如何识别他人的错误目的，就鼓励他们在班级里运用这些技能。为了说明怎么鼓励具有不同错误目的的孩子，一个五年级班的学生们制作了下面这张表。

鼓励表

寻求过度关注	寻求权力	报复	自暴自弃
和他们一起步行上学。	问他们有什么主意。	告诉他们，如果你伤害了他们的感情，你很抱歉。	让他们在自己擅长的事情上帮助别人。
吃午饭时和他们坐在一起。	让他们排在队首。	和他们做朋友。	告诉他们，他们很好。
对他们讲的故事哈哈大笑。	让他负责一个项目或班里的一项日常事务。	邀请他们参加你的生日派对。	让另一个学生和他们一起做事。
和他们聊天。	请他们去帮忙辅导另一个学生。	称赞他们。	告诉他们，数学对你来说也很难。

有个班将代表每种错误目的的标记贴在一根小木棍的一端。每个学生都有四根一套这种小木棍。全班同学同意，如果有人做出捣乱行为，同学们就猜他或她的行为背后的错误信念是什么，并举起相应的标记。这样做的目的不是为了贴标签、责难或者给学生定性，而是要给捣乱的人一个友好的提醒。行为不良的学生可以决定，他或她是否愿意选择以有贡献的行为来代替捣乱

行为。

这个故事还有一个有趣的注脚。猜猜谁最经常得到"寻求权力"的标记？是老师。这位好脾气的老师会说："好吧，我知道我在试图指使你们干这干那。可谁知道我该怎么做才能让你们合作呢？"这位老师为学生们做了一个榜样，让他们看到犯错误并不是坏事，大家可以相互帮助做出有效的改变。

我们的两位同事创作了几首歌曲，用来帮助父母们和老师们更好地理解四种错误目的。播放这些歌能增强学生们对四种错误目的的理解。在每首歌播完后，要带着一种好玩的感觉问学生，歌里提到的行为是否听起来很熟悉。你还可以在播放这些歌曲时观察孩子们的认同的反应（大笑、咧嘴笑、点头）。让学生们讨论一下，他们认为每首歌中的错误信念是什么，以及他们对应该如何鼓励歌中的人有什么建议。

下面是一个高中的校长如何处理冰山位于水下部分行为的案例。华盛顿州瓦拉瓦拉市林肯高中的校长吉姆·史波雷德第一次尝试以鼓励性的方式管教学生，就惊讶地发现这种方式很有效。事实上，它是如此有效，以至于他后来再也没有用过以前的行为主义方式。一篇新闻报道了这件事。

有个学生冲一位老师大发脾气，并说了脏话。林肯高中的通常做法——并且，可以很有把握地说，是这个国家的大多数高中的做法——就是自动停学。然而，史波雷德却让这个学生坐下来，平静地说：

"哇。你还好吧？这听起来可不像你。发生了什么事？"他甚至更具体地问道："你真的看起来压力很大。按照从1到10打分，你给自己的愤怒打几分？"

这个孩子已经准备好了。准备好了面对劈头盖脸的怒斥……"你怎么能这么干？""你怎么了？"……还准备好了被一脚踢出学校。但是，他没有准备好面对和善。盔甲般的防御就像焊枪下的冰块一样融化了，他倾诉说："我的爸爸是个酒鬼。他向我承诺了许多事情，但却从不兑现。"这种对自己没有一丝温情的家庭生活的倾诉用这样一句结束了："我不该冲老师发脾气。"[①]

根据这篇报道，这个孩子自己主动向老师道了歉，尽管没有人要求他这样做。他还是被送去了校内停课室，在史波雷德的学校，这是一个"积极暂停"的地方，孩子们在这里可以平静下来、补上家庭作业，或者和指导老师谈任何事情。这篇文章对比了询问孩子们情况的新方法使用前的停课人次（798）、和史波雷德的改革实行后的停课人次（135）。

我们强烈建议你用一个小时、半天、一天，甚至一周的时间，投入全部身心去探索你的学生们"冰山位于水下的部分"。我们将非常乐意让你在正面管教 Facebook 网页或我们的博客中说说你成功的故事。

正面管教的实际应用

有个孩子在昨天刚开始上音乐课时还很好，但在讨论"蓝天之歌"时，她突然说："我是一只小狗！"她躺在大家围坐的圈子的中央，开始学狗叫。我友好地请她坐起来听课，但她既不照办，也不和我进行眼神接触。

我注意到了我的情绪——恼怒——并且想到了正面管教中的

[①] 见 2012 年 4 月 23 日，ACES TOO HIGH NEWS 报道：华盛顿州瓦拉瓦拉的林肯高中在管教中实行新方法——停学率降低 85%，http://acestoohigh.com/2012/04/23/lincoln-high-school-in-walla-walla-wa-tries-new-approach-to-school-discipline-expulsions-drop-85/. 另见，2012 年 6 月 26 日，《教育选民联盟》报道，"瓦拉瓦拉：一种富于同情心的管教方式" http://www.educationvoters.org/walla-walla。——作者注

"错误目的表"。我该对这个孩子怎么办呢？转移她的行为？建议她休息一下？我想到了她在音乐教室里能帮我做的一件事。这用了一分钟，但我决定了试试让她为我拿下架子上的所有木琴。木琴不是下一项活动，但我们会在这堂课结束时弹奏木琴。我根本没有提她的"学狗叫"，而是轻声对她说："请你帮我把木琴拿出来，好吗？"

她立刻停止了学狗叫，一声不响地去干活了。其他学生和我完成了我们的讨论。最后，她还在讨论中说了一些机智而有趣的话。然后，我们唱了两首歌，做了一个游戏，演奏了木琴。在整个过程中，她都很有礼貌，并且注意力很集中，成了一个相当出色的音乐家（这是我告诉她的）。

哦，万岁！！！没有出现不愉快的场景！！！我不知道她为什么那样做，但是，正面管教方法一如既往地有效真是太好了。

音乐老师　奥罗拉学校
奥克兰　加利福尼亚州

第5章

在纠正之前先建立情感联结

用另一个人的眼睛去看,用另一个人的耳朵去听,用另一个人的心去感受。目前,对我来说,这是对我们所说的"社会情感"可以接受的一种定义。

——阿尔弗雷德·阿德勒

强有力的科学证据表明,增强学生与学校的情感联结,会使学校的教育更成功。这种联结在提高学生的学习积极性、课堂参与、学业成绩、出勤率和完成率的同时,还会减少旷课、打架、恃强凌弱和破坏公物的行为。情感联结,就是学生们相信学校里的大人们关心他们的学习,并将他们作为个体来关爱。也就是说,为了取得成功,学生们需要感觉到他们在学校里有"归属"。以下七种因素影响着学生们对自己学校的积极依恋:

· 有一种归属感,并感觉自己是学校的一分子
· 喜欢学校

- 意识到老师们是支持和关爱自己的
- 在学校里有好朋友
- 致力于自己现在和未来的学业进步
- 相信学校的纪律是公平和有效的
- 参加课外活动

这7项因素——经过了不同方法的检验——能较准确地预言学生们在学校的成功，因为每个因素都能带来一种情感的联结——与学生自己、自己的群体或自己的朋友[①]。尽管这项研究令人印象深刻，但更有说服力的是来自学生们的说法。

一群中学生被问道："当你们在学校里惹麻烦时，通常会发生什么？"孩子们的回答五花八门，包括放学后留校、周六补课、午饭时被留堂、停课、额外的家庭作业、老师冲自己大喊大叫、在家里被禁足或挨揍、为给他们难堪而让父母来学校和他们坐在一起，或被送到校长办公室并记录在案（学生们对此的定义是被送到办公室去听一次长篇大论的说教）。

然后，学生们被问道："你们有多少人经历过其中的哪一种后果？"十个孩子中会有两个因为在学校的糟糕行为而在家里挨揍；会有五个被叫父母来过学校；每个人都被放学后留下过，被禁过足、被老师大喊大叫，或被布置过额外的家庭作业。十个人中至少会有七个人在午饭时被留堂、周六补课和停课。当被问到这些干预措施是否有助于他们在学校做得更好时，他们一致说："没有！"当被问到这些干预措施是否有助于他们感觉到爱、关心以及合作的积极性时，他们都笑着回答："你认为呢？"

"如果这些办法没有帮助，你们认为大人们为什么要这么做

---

① "学校联结：加强青少年健康和教育成果"《学校健康期刊》第 4 期 74 页 （2004 年 9 月） 特别专题, http://www.jhsph.edu/departments/population-family-and-reproductive-health/_archive/wingspread/September issue.pd。——作者注

呢?"我们继续问道。"因为他们喜欢这种权力。"有些学生回答说。"你们不认为他们这样做是因为关心你们,并且想帮助你们做得更好吗?"我们问道。孩子们只是大笑了起来。

建立情感联结

学生们的信念——相信老师们关爱他们——是他们感受到情感联结(归属感和自我价值感)的一个首要因素。詹姆士·滕尼博士,前教育工作者和国家橄榄球联盟裁判,为自己的博士论文做过一项检验关爱的感知水平的研究[1]。他先对校长们进行了调查,问他们:"你关爱你的老师们吗?"校长们总是说非常关爱。然后,滕尼博士调查了老师们,发现他们感受到的来自校长的关爱微乎其微。

下一步,他问老师们:"你关爱你的学生们吗?"当然,老师们说非常关爱学生们。但猜猜怎么样?学生们感觉到的来自自己老师的关爱微乎其微。

在对老师们的培训中,当我们问他们有多少人关爱孩子们时,几乎每个人都举起了手。然后,我们问:"你们有多少人认为你们的学生知道你们关爱他们?"虽然举手的人少了,但大多数老师仍然相信学生们得到了这种讯息。遗憾的是,正如滕尼博士的研究表明的那样,只有很少的学生相信老师关爱他们,除非他们取得好成绩。他们往往相信,老师们只关爱那些已经"看透"了老师,以及那些知道如何迎合老师的尖子生。

---

[1] 詹姆士·约瑟夫·滕尼和詹姆士·曼瑟尔·詹金斯,《由PASCL、创新和其他高中选出的学生、教职员工和学校管理者体会的风气的比较研究》(南加利福尼亚大学,博士论文,1975)。——作者注

下面这个活动可以在教职员工会议上进行，以便给老师们提供一个平台，用来分享向学生表明关爱的方式。

活动：他们知道你的关爱吗？

目的

提供一种现实的检验，看看老师们多么经常并且以何种方式向学生们传递关爱的讯息

说明

研究表明，最能预言学生成绩的，是他们对"老师喜欢我吗"这一问题的认知。

教具

厚纸

记号笔

胶带

步骤

1. 一组老师一起讨论前面提到的詹姆士·滕尼为博士论文所做的研究。

2. 分成3~5人的小组，每组发一张大厚纸和一支记号笔。

3. 每组选一个人做记录。在三分钟之内，用头脑风暴想出向学生表达自己关爱的尽可能多的方式。要把想到的每个主意都记下来。

4. 在3分钟结束后，各小组用胶带将本组的厚纸挂在墙上。每组选一名志愿者，读出列出的主意。

5. 以讨论继续这个活动：

你有什么领悟？

对于你跟学生在一起时的行为，你注意到了什么？对于如何向学生表明你的关爱，你为下周设定了什么目标？

6. 让一名志愿者把各个小组的全部想法在删掉重复的之后，打印成一份清单。发给每个老师一份，用来作为向学生们表达关爱每天可做的事情的一个提醒。

参加这个活动的一组老师发现，当你弄清楚学生是怎样的人、鼓励他们把错误看作学习和成长的机会，并相信他们有能力作出有意义的贡献时，学生们就会知道你关爱他们。当他们感觉到你在倾听他们，并认真对待他们的想法和感受时，他们就会知道你关爱他们。当你足够尊重他们，让他们参与做出决定的过程时，他们就会知道你关爱他们。当你在一种鼓励解决问题——而不是惩罚——的没有威胁的环境中，帮助他们理解其选择带来的后果时，他们就会知道你关爱他们。

关爱的力量

当老师引导学生们以表明关爱的方式相互对待时，一种关爱的氛围就会开始形成。卡特·贝顿，纽约内城一所学校的老师，用下面这句感人的话语表达了关爱的核心理念："在你能触及头脑之前，必须先触及心灵。"1991年9月的《生活》杂志，专题报道了贝顿和17个在正常的班级里被贴上"不可教"标签的二年级学生的故事[①]。贝顿在6个月内就把这些"不可教"的学生们教得非常好，以至于他们向"正常"班（他们以前一直被视为不适合进入的）发起了一场数学竞赛的挑战——并且赢了！

卡特·贝顿理解和善而坚定地对待学生的重要性。他知道，

---

① 《生活》1991年9月，《渴望学习》，丹尼斯·L·思蒂森。——作者注

确保将关爱的讯息传递给孩子们是师生关系的真正本质。老师们有很多机会传递关爱的讯息。我们鼓励你抓住这些机会。当学生们感觉得到关爱时,他们就想要合作,而不是做出不良行为。当他们不需要以不良行为得到关注和自我价值感时,他们就能自由自在地学习。在下面的"阻碍沟通的方式"和"促进沟通的方式"中,你会发现更多关于表达关爱的方式的提示。

情感联结的态度和技能

正如我们已经看到的那样,很多老师确实关爱自己的学生,但孩子们却得不到这种讯息。即使你可能强烈地感觉要与学生们建立情感联结,但你做的一些事情却可能在传递着一些不同的讯息,正如一个高一班级的老师所做的那样。学生们与这个老师有着严重的冲突,但他无法理解学生们对她的敌意。一位到她的教室来听课的老师观察了她的行为举止,听了她说话的语调(这位老师像很多老师一样,没有注意到自己的语调及其对学生们会产生怎样的影响)。每当学生出现不良行为时,她就冲他们大喊大叫、批评他们、当着同学们的面羞辱他们。下课后,那位震惊的听课老师问她是否愿意听一些反馈。她说"是的",那位听课的老师说:"你是在试图用喷灯扑灭一个小火苗。"意识到自己的行为举止和语气之后,她在第二节课就在这两方面做出了改变。当天,她就告诉另一位同事说:"我今天下午的课顺利多了,因为我决定把喷灯扔掉。"

在一次"教室里的正面管教"讲习班上,一项体验式活动结束时,有个老师惊讶地意识到:"当我批评我的学生们时,我的声音大得足以让其他人都听到。当我说学生做的好事时,声音轻得其他人通常都听不到。"

倾听并认真对待孩子们

罗伯特·拉斯木森，被他的学生们称为"拉斯"，连续五年被高中二三年级学生选为"年度高中教师"。学区授予他"年度教师"的荣誉称号。有一天，当拉斯不在教室时，我们问他的学生们认为拉斯为什么会得到这些荣誉。他们的回答基本上可分为三类："他尊重我们"、"他倾听我们"和"他喜欢他的工作。"

"喜欢这个工作和这有什么关系？"我们问道。一个学生解释说："很多老师带着一种态度问题来工作。他们厌恶我们。他们厌恶自己的工作。他们似乎也厌恶生活。他们把气撒在我们身上。而拉斯总是很乐观。他似乎喜欢我们，喜欢他的工作，喜欢生活的方方面面——以及我们每个人。"

拉斯有一种确保将关爱（情感联结）的讯息传递给孩子们的独特方式。他在教室里放了一只泰迪熊玩具。他把这只熊介绍给他的学生们，说："这是我们的关爱小熊。如果你们任何人感到沮丧或情绪低落，就来拿这只小熊。它会让你们感觉好起来。"一开始，学生们认为拉斯有点精神不正常。毕竟，他们都是高中二三年级的学生，是成年的年轻人了。但是，他们很快就领会到了。每天都会有几个学生，包括身材高大的橄榄球运动员，到拉斯的讲桌前说："我需要那只熊。"

这只熊变得如此受欢迎，以致于拉斯不得不提供更多的小熊来满足需要。有时候，孩子们会把这些小熊随身带一整天，但他们总是会把它们带回来。有时，当拉斯看到一个显得有些情绪低落的学生时，他会给这个学生扔一只熊。这是拉斯在以一种象征性的方式说："我关心你。我现在没有时间陪你，但是，我关心你。"

进行一次野外旅行

中学老师布伦达·罗琳斯在她的 Facebook 上写道："带着73名中学生完成了自行车野外旅行，回到家，洗了个澡。整夜在宿营地跑来跑去的臭鼬和钻进帐篷里的浣熊真是好玩。但现在已经筋疲力尽了。"后来，在回答孩子们是否过得愉快这个问题时，她写到："他们都过得很愉快；大多数学生都没想到自己能骑7英里，或者能骑车去公园或任何地方。"

布伦达和另外两位老师、两位学生父母，以及10位自行车爱好者，一起使这次活动变成了新生们的一次积极体验。这项活动不仅好玩，还是孩子们相互建立情感纽带，以及老师们在教室之外更好地了解孩子们，并与他们建立情感联结的一种方式。布伦达的学校——圣·罗莎特许公立学校——是一所正面管教学校，全年都鼓励野外旅行，包括去俄勒冈州的阿什兰市参加莎士比亚戏剧节。这些旅行是孩子们、老师们和父母们庆祝学习、相处和经历有教育意义的奇遇的一段快乐时光。

欣赏独特性

有个老师为自己三年级的班级制作了一套棒球卡。每张卡片上都印有一个学生的照片和绰号。这些绰号表现的是每个孩子的独特兴趣。比如，一张卡片上写着"爱猫者科林"，而另一张上写着"本垒打西恩"。尽管制作一套棒球卡需要时间和技巧，但是，让孩子们一起想出绰号是很好玩的，只要在活动中保持对每个学生的尊重。

表达每个学生独特性的另一种方法，是让学生们创作自己的T恤。你也可以在教职员工会议上和其他老师们一起做这个活动。

活动：创作你自己的T恤

目的
帮助学生和老师们了解自己的独特性，以及别人的独特性

教具
胶带
T恤形状的纸片（每个学生1张）
写在黑板上或挂纸上的说明：
1. 在T恤的顶端写上你的名字。
2. 在T恤的中间位置，写一个能描述你自己的词。
3. 在T恤的其他地方，写上用来描述你的特点和特殊兴趣爱好的话。
4. 在T恤的底部，写上一件大多数人可能不知道的你的事情。

步骤
1. 给学生们10分钟时间来做自己的T恤。
2. 让学生们把自己的T恤贴在自己的衣服上。
3. 让学生们组成3-5人的小组，并在小组里分享自己的T恤。
4. 让学生们在教室里寻找与自己有相似特点和兴趣爱好的学生。
5. 然后，让学生们找出一个和自己没有相似特点和兴趣爱好的学生，并相互问与对方T恤上所写的内容有关的问题。

6. 在这个活动的最后，问全班同学学到了什么。问一些类似下面这样的问题：

你们从这项活动中学到了什么？

你们有多少人发现了一个你想更多了解其兴趣爱好的人？

你们有多少人找到了与自己有相似的兴趣爱好和特点的人？

你们有多少人意识到了自己有一项能用来帮助别人的才能？

你们有多少人发现了别人有可以帮助你的长处？

用你的幽默感建立情感联结

有时候，老师们会忘记与学生在一起时可以运用幽默。与一些刚入职的老师被告知的情形相反，别总是那么严肃是完全可以的。特纳夫人和她的学生们做一个叫"让我们做个交易"的游戏，孩子们都很喜欢。她会说："好了，孩子们，现在是'让我们做个交易'的时间。我喜欢准时开始上课，而你们喜欢按时放学。我会省下我不得不等待开始上课的时间，而你们可以在放学后把这部分时间补回来。成交吗？"孩子们抱怨几声，然后就安静了下来。

有些老师会用伪装成幽默的讽刺来贬损学生。还有些老师喜欢以损害某个学生为代价开玩笑。这是不尊重的。你的行为背后的感觉与你的行为同样重要。

巴克利先生有一种孩子们非常喜欢的滑稽的幽默感。他们知道巴克利先生关爱他们，并关心他们是否能在学校取得成功。他们能感受到他的行为背后的感觉，他的关爱能传递给学生。

有一天，巴克利先生正在处理一个在上课时想入非非的学生。他将手轻轻地放在这个男孩的肩上，说："想象一下。你18岁了。你起了床，打开音乐电视频道。你知道里面的每一个歌手和每首歌曲的所有歌词。但是，会有人给你一份工作吗？没门！为什么没有呢？因为你在我的课堂上把所有时间都用来凝视天空了。"这个学生抬起头来，咧着嘴笑了，然后打开了自己的书。

在同一节课上，詹妮弗给一个朋友传纸条，没有注意巴克利先生正在给全班朗读的一个剧本。巴克利先生用一种流畅而稍大的声音读到："生存还是死亡，这是詹妮弗每天问她自己的问题。"詹妮弗抬起头来说："啊？你在叫我吗？"巴克利先生说："有人听到我叫詹妮弗了吗？我不这样认为。"詹妮弗在这堂课剩下的时间里注意力非常集中。如果对孩子们真诚地关爱，他们就会得到这一讯息。

通过尊重学生的课外兴趣来建立情感联结

人们很容易忘记学生们在学校之外的生活中的兴趣。他们的社会生活对他们是极其重要的，并且他们经常要处理自己是被拒绝还是受欢迎的交往问题。他们也许正在处理因为没有入选球队或从来没有得到第一或最佳而带来的烦恼。到孩子们上初中和高中时，他们也许还会有工作问题、汽车问题、约会问题、性问题以及毒品问题。

很多孩子是按照与成年人不同的时间作息的。他们喜欢熬夜，然后在早晨起床就会有困难。然而，他们不得不遵守学校较早的上课时间。

我们看到，在北卡罗莱纳州夏洛特一所高中教室的门上贴着这样一张便条："迟到的同学，请悄悄走进教室，找个座位坐下，看黑板上的说明。上课铃一响，学习就开始了。"这位老师没有羞辱或惩罚迟到的人，而是尊重地允许学生们体验后果，并做为赶上进度而需要做的事情。学生们可以走进教室，并立刻开始学习，而不是去办公室，写检查，感觉自己陷入了麻烦，并干扰整个班级上课。

另一个老师告诉他的学生们："上课铃响过5分钟后，我才会点名。我知道你们有些人有工作要做，并且十几岁的各种需要会很难处理。假如你们能睡到10点，5点去学校上学，晚上的其余时间与家人在一起、工作、社交，那就好了。"孩子们欢呼了起来。他们尽最大努力不占这5分钟的便宜。他们尊重这个老师，因为他们感觉到了被尊重。这位老师知道如何确保将关爱的讯息传递给孩子们。

尊重带来尊重，不尊重会带来不尊重。当一位老师的学生们做出不尊重的行为时，这个老师或许应该审视一下他或她自己的行为。

改善，而不是完美

当老师鼓励改善，而不是完美时，学生们会知道老师关心他们。教室也许永远不完美，但每一次失败都能提供一次想出解决方案的机会。即便你感到灰心丧气，或在慢慢前行中又后退了几步，也要不断地问："我们怎么才能解决这个问题？"这个问题不仅表明你关爱学生，还会鼓励孩子们相互关爱。

在一所学校里，有个女孩在一次车祸中不幸丧生。危机小组决定用班会来帮助学生们处理他们的悲伤和恐惧。在这些班会上，学生们赞扬了这个小女孩如何感动过他们——每个学生都有一次机会来表达对她的感激。然后，老师问："你们现在有什么担忧吗？"有些学生说他们害怕回家。很多学生以前从来没有面对过死亡，不知道该怎么做。

学生们做了头脑风暴，并想出了几个建议。一个建议是制作一个电话树①，以便他们即使在半夜，也能互通电话。学生们还列出了一份他们在白天可以去与之交谈的人员名单。很多学生都有自己感觉在学校时可以交谈的不同的人：门卫、图书馆管理员、餐厅督导、心理辅导老师、老师、校长以及同学。他们可以在自己感觉需要的时候，得到允许去找某个人交谈。这些学生还决定，将这个女孩的照片贴在圆形发夹上，佩戴一周，作为对她的纪念。他们还买了一棵树，种了下去并精心照料一年，以纪念这个女孩。这些学生们找到了很多处理悲伤的方法，为学校的教职员工做出了榜样。

正面管教的实际应用

我要一次又一次地感谢圣·罗莎特许公立学校。老师们不仅教给了我的孩子们对学习的一种健康的热爱，还教给了他们无论是否与别人的观点一致都应该如何像个正派人那样行事的牢固意识。最棒的事情是，我的孩子们（最小的现在13岁，正在这所学校度过她的最后一个学年）都理解了这一点……圣·罗莎特许公立学校是圣·罗莎教育合作组织的一部分，这是一个收费学前学校和公共特许学校的联盟组织。学前学校是特许学校的基础。如果没有学前学校及其创建者们对孩子们能继续在正面管教和合作环境中学习的愿望，这个组织中就不会有特许

---

① Phone tree，由一人打电话联系多人的办法。——译者注

学校。在圣·罗莎教育合作组织中，所有的班级都开班会，并且孩子们会学习并运用班会的8项技能。

塞布丽娜·霍威尔，三个就读于
圣·罗莎特许公立学校（一所位于加利福尼亚州
圣·罗莎的正面管教学校）孩子的母亲

那些愿意教给学生们情感联结技能的老师，常常会发现自己的工作变得更容易、更有趣了。帮助学生们体验到关爱、归属感和自我价值感，是一位老师所能做的最有效的事情——激励学生们实现自己在学业和其他方面的最大潜能。

正面管教的实际应用

15年前，当我开始自己第一年的教师生涯的时候，我知道我需要实行一套行为管理办法，但我不知道如何选择，也不知道如何把它用于实践。我在其他教室中看到和从书中读到的，都是专制的办法，包括让学生根据自己的行为移动自己的名字卡片、彩色卡片以及把他们的名字写到黑板上。我试了其中的一种方法，但我对这种方式是否有效的检验办法，只能是看学生们在得到我的警告的当时是否能安静下来，并选择遵循我的每项指令。事实当然并非如此，所以我认定这种办法无效，我需要尝试另一种……另一种……和另一种！那当然是很艰难的一年！

我在那一年的大多数时间都感到很沮丧、无助和无能为力。我常常提高嗓门，咬紧牙关，说真的，还哭过。在那一年结束时，我决定第二年要全身心地投入教学工作，但我发誓不再重蹈第一年的覆辙。我非常清楚不想再做的那些事情。我知道我想帮助我的每个学生取得尽可能多的学业成功，但对我来说更重要的是，要尝试并真正将他们看作他们自己，并且与他们建立个人的情感联结。显然，没有这种个人的情感联结，就不可能有真正的学业成功。

在随后的10年中，我在教学中的很多做法和感受都与正面管教非常符合。但是，直到2007年，我才偶然看到了《教室里的正面管教》和《正面管教：教师指南》这两本书。我知道听起来很傻，但当我读这两本书时，我禁不住想我在听天使歌唱！我读到的所有内容，在我听起来和感觉上都那么对。我非常惊讶，因为我从书上看到的那么多东西都是我一直感觉到但却无法用语言表达出来的。

2008年夏天，我去参加了为期两天的"教室里的正面管教"讲习班。我喜欢在讲习班度过的每一分钟。我非常兴奋地回到自己的学校，运用我的这些新工具！我开始对我的学生实行正面管教，而且我还以非正式的方式将我从这些书中和讲习班上学到的东西分享给了学生们的父母。我开始了开班会。这个过程并不总是很顺利，但是，我的学生们和他们解决问题的点子令我感到吃惊。在学年的最后一天，我的学生们和我看着在这一年中我们用过的那一沓班会议程，它至少有两英寸厚！我的学生们很自豪他们能够一起解决那么多的问题。（我也很自豪！）

我继续在我的教室里运用正面管教，但在刚过去的这一年，我觉得我需要停止开班会。随着学校管理部门要求的活动和课程数量的增多，我认为我找不出时间来开班会了。然而，当我认真思考我们经历的令人沮丧的那一年时，我看到很多——如果不是全部的话——让我发疯的行为和教室问题都可以在班会上得到解决。班会正是我的学生们和我需要的。取消班会是一个大错误。然而，我知道了错误是学习的大好机会——这要感谢正面管教——是多么有帮助啊！

匿名

第 6 章

相互尊重的沟通技巧

所有的观点从提出者的角度来看都是正确的。

——鲁道夫·德雷克斯

改善我们的沟通技能是一个持续的过程。本章将评估你的沟通技能，并在需要的地方补充一些沟通工具。在第 7 章，我们将介绍一些你可以和学生们一起做的活动，以帮助他们在教室里更好地沟通。

下面这个"温度计"活动将表明拙劣的沟通技能和有效的沟通技能之间的区别。和一个朋友尝试一下，看看你能从中学到什么。

让你的朋友角色扮演一个学生，假装他或她与你之间的地面上有一只温度计。当你说出令人沮丧的话语时，他或她就向远离你的方向走（向温度计的低温端）；当你说出鼓励的话语时，他或她就向靠近你的方向走（向温度计的高温端）。要让这个"学生"知道，他或她不需要用言语回应你，而只需要用移动来表示丧失信心（向低温端移动）和受到鼓励（向高温端移动）。

用下面任何一句阻碍沟通的话作为开始。我们知道你不会真的对孩子们这样说话，但是，我们用这种极端的例子是为了帮助加速学习的过程。你可以用一种指责的语气说下面这些话，每次说一句。

阻碍沟通的话
- 这是你的错。
- 我得反复跟你说多少次？你耳朵里塞棉花了吗？
- 别的学生向我投诉了你的行为，我相信他们。
- 你什么时候才能表现得好点儿？
- 我对你的感受不感兴趣。别再像个婴儿一样又哭又闹了！
- 你干了什么？别告诉我你什么都没干！
- 你最好想清楚如何按照我告诉你的去做，否则，你这门功课会不及格。

到这时，这个"学生"可能已经走到了温度计的低温端。要问问他或她在活动的这个阶段学到了什么。

现在，告诉这个"学生"，你要再试一次。他或她仍然要根据你说的话走向温度计的低温端或者高温端。下面这些话，是为改善沟通而设计的，尽管赢回这个"学生"的信任也许要花点时间。

改善沟通的话
- 我能看出来你现在很生气。我理解。这件事确实让人生气。
- 操场活动监督员告诉我，你今天在活动中不配合。我很想听你说说是怎么回事？
- 如果你在这个问题上需要任何帮助，就告诉我。我也许可以给你出些主意。

· 你为什么不把这个问题放到班会议程上，以便你能告诉其他同学你对这件事情的看法？
· 你能想出避免这个问题在将来再次发生的一些办法吗？
· 谢谢你花时间跟我谈这件事。

让这个"学生"再说说他或她学到了什么。你也要跟这个人说说你在这两种情形中的想法、感受和决定。关于沟通在教室里是如何恶化的，以及你可以怎样改善沟通，你从这个活动中学到了什么？

从阻碍情感联结的沟通，变为促进情感联结的沟通

斯蒂夫·格伦描述了阻碍和促进沟通的 5 组因素。我们经常运用阻碍沟通的方式，却认为自己在促进沟通。

1. 假定与核实

你很容易在不询问学生的情况下，就假定自己知道他们的想法和感受。你也许会假定他们会做或不会做什么，以及他们应该或不应该怎样回应。我们称之为读心术，而我们还没有发现哪个成年人是我们认为的合格的读心者。如果你根据自己的假定对待一个人，你不仅可能会错失了解他们的机会，还可能会因为在不经意间伤害他们的感情而损害彼此的关系。

你可以通过核实——问启发式问题——来促进沟通，不要假定。正面管教的方法鼓励老师们去发现学生的真实想法和感受。

当你核实而不是假定时，你就会发现学生对影响到他们的问题的真正想法和感受。

有位接受过行为矫正训练的特殊教育老师，假定自己的学生们没有能力参加班会。她相信自己的工作就是简单地控制学生们的行为。我们鼓励她通过召开一次班会来核实一下自己的假定。尽管这些孩子们不会写自己的名字，但每个孩子都有一个特殊的标记，他们可以把它贴在班会的议程上，以表示自己想要帮助解决一个问题。这个老师发现，这些孩子们比她假定的要有能力。他们很快就学会了在班会上表达自己的需要并参与解决问题，远远超出了这位老师的假定。

还有一个老师以为在一起玩的女孩们出了问题，因为她看到三个女孩在一起。这个老师相信三个女孩不可能在一起玩，而不使其中一个女孩受到排斥。当她向这三个女孩核实情况时，她们说："老师，我们喜欢在一起玩。我们只是想不出，当我们只有两个球时，怎么才能分成三份。"鉴于女孩们还在上幼儿园，老师问她们是否想听一些三个人如何一起玩两个球的建议。她们很兴奋地听了老师的主意，并且尤其喜欢一次只用一个球，三人轮流传球的主意。当老师建议她们一个人轮流看另外两人传球时，三个女孩大笑了起来。这个老师说："头发最卷的女孩先看，怎么样？然后，头发最直的女孩第二个看；最后，头发最短的女孩第三个看。"这几个女孩对老师说："谢谢。我们可以解决这个问题。"她们果然自己解决了，而且她们的解决办法比老师的建议更简单。她们用剪刀石头布来决定谁在旁边看。

2. 解救和解释与探询

解救和解释是沟通的障碍。当你替学生们做事情，而不是允许他们从自己的经历中学习时，你也许会认为自己是在关爱或帮助他们。同样，你可能认为通过向学生们解释事情，而不是让他们自己找出解释,是在帮助学生。数一数你在对学生进行长篇大论的说教、解释所发生的事情、发生的原因、他们应该如何感受以及应该怎么做的同时,试图解救学生的次数,你可能会发现非常有趣。例如,一位老师可能一边拉着一个孩子的手替她找外套,一边进行着关于承担责任的长篇大论的说教。如果你在说教时有机会观察一个学生脸上的茫然表情,看看他或她是否和你一样对你的说教感兴趣,可能会发现很有意思。鲁道夫·德雷克斯建议,最好永远不要为一个孩子做他或她自己能做的事情。

探询会促进沟通。要用好奇心增进情感联结并改善沟通。第2章中的"问与告诉"活动,是一个能帮助你变得更有好奇心的好活动。一种简单的探询方式就是要求:"多告诉我一些。"你还可以接着说:"然后呢?然后呢?"孩子们不需很多鼓励就会告诉你他们的想法和感受。他们需要的是知道你对他们的观点真正感兴趣。只要你不评判、打断或纠正他们,他们就会告诉你很多。

班会是学生们对发生了什么事情、什么原因造成的、自己的行为如何影响他人、他们对此有什么感受,以及他们怎么才能解决这个问题进行探索的机会。如果你给学生们提供运用他们自己的智慧的机会,他们往往会得出与成年人向他们说教但却似乎被他们忽视的结论完全相同的结论。这种探索会帮助学生们形成一种内在而非外在的控制点[1]。

---

[1] 控制点(Locus of control),也称内外控倾向,是心理学的一个概念,最初是1954年由美国社会学习理论家朱利安·罗特(Julian Bernard Rotter)提出,旨在对个体的归因差异进行说明和测量。对一些人来说,个人生活中多数事情的结果取决于个体在做这些事情时的努力程度,所以这种人相信自己能够对事情的发展与结果进行控制。此类人的控制点在个体的内部,称为内控者。对另外一些人来说,个体生活中多数事情的结果是个人不能控制的各种外部力量作用造成的,他们相信社会的安排,相信命运和机遇等因素决定了自己的状况,认为个人的努力无济于事。这种人倾向于放弃对自己生活的责任,他们的控制点在个体的外部,称为外控者。——译者注

3. 指挥与邀请和鼓励

过多指令会增强孩子们的依赖性，消除主动性和合作意愿，并会鼓励被动的攻击行为（勉强把一件事情做最少一部分，留下尽可能多的部分让老师"烦恼"）。如果你不确定自己是否在用这种阻碍沟通的方式，做个现实检验就很容易搞清楚。如果你注意到自己不得不经常重复自己说过的话，并且抱怨学生们不听话，你就是给出了太多的指令。如果是那样，你可以运用邀请和鼓励来促进沟通。

要让学生们参与一些有助于他们变得能够自我指导的计划和解决问题的活动："下课铃马上就要响了。我会感激你们为帮我整理教室给下堂课做准备所做的任何事情。"指挥会招致被动或主动的抵制和反叛。邀请则会鼓励合作。

4. 期望与肯定

老师对学生们抱有高期望，并相信他们的潜能是很重要的。然而，如果这种潜能变成了标准，并且因为他们没有达到这种标准就对他们做出负面的评判，你就会让他们丧失信心。比如，"我期望你能更成熟。我想你会更负责任。我期望你成为你哥哥那样的学生。"

要寻找机会肯定孩子们的成就和独特性，而不要只是期望。班会使得老师和学生们通过致谢和解决问题来相互认可。通过练习，你会发现这种技能会从班会浸透到日常的学校生活中。当你很快地肯定一个学生在潜力或成熟方面取得的任何进步时，你就会鼓励他们。当你要求过多，并且急于求成时，你就会让他们丧失信心。

假如，有个从来不冒险问问题的学生突然问了一个问题，但这个问题与正在讨论的话题无关。你可以肯定这个学生问了一个问题，而不是批评他或她没有集中注意力，然后，要问这个学生对正在讨论的话题是否有什么话要说。对于作弊的学生，你可以肯定他们想得一个好分数的愿望，然后，要邀请他们探究实现这一目标的其他方式。

5. "成人主义"与尊重

当老师忘记孩子们不是成熟的成年人，并期望他们像成年人一样思考和行动时，就是"成人主义"。比如："你怎么从来都不＿＿＿？""为什么你就不能＿＿＿？""你肯定意识到了＿＿＿？""我得跟你说多少遍？""我简直不相信你会做这样的事！你真令人失望！"几乎任何以"应该"或"应当"开头的话，或者用生气的语调说出来的话，都是一种成人主义。成人主义给孩子们造成的是内疚和羞辱，而不是支持和鼓励。它传达的信息是："由于你不明白我能明白的，你就是错的。"

当你尊重学生时，你会认可你和你的学生有不同的观点。尊重会创造一种接纳的氛围，并鼓励成长和有效的沟通。不要因为别人不明白的事情而评判他们，而要鼓励学生寻求对自己和他人的理解。不要说："你知道这个课题的要求！"要说："你对这个课题的要求是怎么理解的？"或"你在以这种方式提交课题时，是怎么想的？"如果你对学生的回答不感兴趣，就不要问这个问题。

学生们的优先选择往往和成年人的不一样。学好数学和科学课，或者在学校里表现很好，在学生们的优先事项清单中可能甚至排不到前100位。这并不意味着不应该要求他们学习数学和科学，而是意味着老师对学生们有其他优先事项必须表现出理解和尊重，比如朋友（或没有朋友）、运动（或没有入选运动队）、汽车（"我什么时候能买得起一辆车吗？"）、睡懒觉（"难道老师不知道我的时间表不一样吗？"）、或好或坏的家庭关系。这张清单可以一直列下去。

　　班会是学生们探索和解决让他们烦恼的很多问题的机会。然后，你可以运用一些学生的问题和优先选择来帮助他们探索与之相关的学习。通过这些方法，你就可以让学生们合作，而不是抵制和反叛。

• • •

　　那些阻碍沟通的方式会给老师和学生造成同样的挫败感，同样丧失信心。转向促进沟通的5种方式会给双方都赋予力量。当老师把学生们作为值得尊重的人看待时，他们就会发现通过核实、探询、邀请和鼓励、肯定以及尊重赋予学生力量会更容易。一位老师讲了下面这个故事：

　　我意识到我对我的学生们运用的是阻碍沟通的方式。我假定他们需要我介入并操心事情、解释事情、指挥他们去哪里并怎么做，用"应当"指出这一天在什么地方没有达到我的期望。然后，我会用这样的话来结束我的说教："我必须要告诉你们多少遍？"或者"你们应该知道的！"我感到筋疲力尽，而学生们却没有改进。

　　我转向了促进沟通的方式。我核实学生们对一个问题的理解，探询他们对于如何解决问题的看法；邀请他们协助找出解决方案；肯定他们在我所期望的方面的任何进步，而不是指出他们在什么地方没有达到我的期望；并且通过尊重他们的想法和感受来表现对他们的尊重。教室的氛围改善了；我的性情变好了，孩子们也进步了。

没有哪种技巧比另一种技巧更好,但重要的是,要记住沟通不是简单地说话。在良好的沟通中,会有大量的倾听、尊重、好奇心和赋予力量。如果你愿意学习一些其他的沟通技能,可以从下面选一种进行练习。

赋予力量的4个沟通技巧

1. 说到做到

学生们能分清你什么时候说的是当真的,什么时候只是在发出"噪音"。他们怎么区分呢?孩子们是非常科学的。他们会更多地"听"你的行动,而不是听你的言语。如果你用大量的时间说、命令、要求和告诉,但却不用行动执行,你的话就会从一只耳朵进,另一只耳朵出。学生们就会变得"对老师充耳不闻"。

另一方面,如果你把事情只说一遍,并且执行,学生们就知道你的话是算数的。他们会关注。困难之处在于,在你说之前,你必须认真考虑,以确保你能用行动执行到底。

例如,琼斯老师说:"你们安静地排好队,我们就出发去操场。"她不再多说一个字,而是静静地等待,直到学生们安静地站成一队。然后,她打开教室的门,带着学生们向操场走去。

辛格老师说:"迟交的作文得零分。"苏西交作文迟了,卷子再发给她的时候,上面是个零分。苏西抱怨、发牢骚,并恳求辛格老师改变主意。辛格老师微笑着说:"想法不错,苏西。"然后就去做其他事情了。

两个学生来找史密斯老师,因为一个问题而相互指责。史密斯老师说:"我对找出是谁的错不感兴趣。相反,我们可以一起努力解决问题。"她把这个问题加到了班会议程上，说："我确信我们在下次班会上能解决这个问题。"

2. 少即是多

如果你注意到你的学生注意力不集中，并且情况似乎变得越来越失控，就要努力做到说话简短。试试用一个词，或者不超过10个词的短句。

想想当你说"休息"、"安静"、"时间"、"圆圈"（都是一个词），或者"请放下铅笔，卷子交到前面"（六个词），"如果你们准备好了听故事，就举手"（八个词），"在选择轮上寻找解决方案"（五个词），"班会时间"（两个词），"房间太乱了。现在是清理地上纸片的时间"（九个词）的时候，你的学生们会听到什么。

你会很惊讶在你用这个简单的技能时，你的学生们会变得多么专注。要确保你只将那个词或短句说一次，然后就静静地等待学生们理解并开始行动。

正面管教的实际应用

我第一次接触正面管教，是大约20年前我开始在我的班里运用的时候。哇——它帮助我为小孩子们营造了一个多么不同的好环境啊！我在书上看到的每一件事情都那么有意义。父母们为他们在家里注意到的自己孩子的变化来找我。我们的话题自然就谈到了班会和家庭会议。因为我也是孩子的父母，我开始在家里对自己的几个孩子运用正面管教技巧，并且对这些技巧在帮助形成相互尊重方面那么有效留下了深刻的印象。

克莉丝汀·汉密尔顿
尤金市，俄勒冈州

3. 头脑、内心和直觉

大多数时候，我们说的话都来自于头脑。在教室里，我们用感觉词汇根据内心和直觉说话是很好的。下面这些话说的是同样的事情，但分别来自于头脑、内心和直觉。在你看这些例子时，想想你对每一种的反应。

头脑 "你们在玩四方游戏[①]时，相互推搡和被球击中的人太多，受伤的人太多。我想，可能是禁止这个游戏的时候了。我们在操场上不能再有这种行为。"

内心 "我看到有人在四方游戏中被球击中，并且身上青一块紫一块的。这让我很生气。如果我们想不出如何安全、尊重地玩这个游戏，我担心我们就不能再玩了。"

直觉 "我很生气你们有人用四方游戏来伤害别人。我要禁止这个游戏，直到你们能让我相信你们能尊重、安全地玩这个游戏时才能再试一次。当你们想出办法时，就来告诉我。"

闭上眼睛，设想你是一个学生，听别人大声说出上面这几句分别来自头脑、内心和直觉的话。哪一句会对你产生最大的影响？有一个人说来自头脑的话听起来像一堆不知所云的废话；来自内心的话听起来就像："老师又生气了。能来点儿新鲜的吗？"

---

① 四方游戏（Four Square）也被称为手球、方块球、格子球、冠军或国王的角落等，是4个人在1块区分了4个象限的正方形球场上进行的活动。这个游戏通常最多由4个球员用1个操场橡胶球、排球或网球在一个正方形球场上，以投掷球的方式，依据规则，消除其他球员以达到最高的排名。——译者注

但是，来自直觉的话语真的引起了她的注意。假设她是一个孩子，她感到很担心老师生气了，并想提出一个计划以确保他们能继续玩这个游戏。

很多被正面管教吸引的人，实行"和善与坚定并行"中的"和善"时没有问题，但他们难以做到"坚定"。根据你的直觉说话是表达"坚定"的一种最好的方式，而且，当你以尊重的方式提出对孩子们的要求时，这种方式尤其有效。

正面管教的实际应用

我们将我们的教学看作是一种三角关系：学生—父母—指导（老师）。我们对各方都有很明确的期待，并且我们尊重每一个人为这个过程带来的贡献。我们发现的非常有帮助的一件事情，是极力鼓励所有新生的父母参加正面管教父母课堂。我们尽量表明我们不是要试图"改变他们的养育方式"，并尽量避免暗示他们的养育方式不"正确"。我们向他们解释，他们在讨论管教和课堂管理问题时与我们的老师使用同样的语言，会让我们作为一个团队更好地一起努力。这常常会让他们愿意参加，并且大多数人还会把正面管教方式带回到自己家里。

莫莉·亨利
蒙特梭利学校校长

---

4. 网球比赛

想一想进行或者观看一场精彩的网球比赛是什么样子。来回对打若干次的球会令人非常兴奋。但是，如果有人发的球没人能接并打回来，比赛还有多少乐趣呢？你可能很快就会失去兴趣。

这就是单向谈话时发生的情形。一次精彩的交谈就像一场网球比赛，对话会有来有往，两个人轮流说出自己的想法和感受。有时候，双向的交谈也许不适用于教室，但在另外一些时候却是极其必要的。

想象一下，让一个学生在放学后和你谈谈他或她学习中的一个问题。这就是进行网球比赛式对话的时候。或者，当你有机会和学生们进行野外旅行时进行这样的一次谈话怎么样？在班会上，学生们会学会在倾听别人发言时，如何轮流发言。

你可以用体验式活动教给你的学生们沟通技能。大多数学生会从以下三个活动中快乐地学到东西。

活动：倾听技能之一

目的

教给学生有效地倾听的技能

说明

"说"通常要比做一个好的倾听者更容易。培养良好的倾听技能需要练习。

步骤

1. 把学生分成两人一组。选一个话题，比如"我最喜欢的晚餐食物"，或"我喜欢学校的哪些方面"，或"我不喜欢学校的哪些方面"。让学生们在讨论中同时发言。

2. 示意他们停下来，然后，问他们有多少人感觉自己得到了倾听。当学生们表达自己的感受、了解到的东西或决定时，可能会出现热烈的讨论。

3. 问学生们怎么做才能解决所有人同时发言的问题。他们需要怎么做才能成为好的倾听者？

4. 把学生们的所有主意都记在标有"良好的倾听技能"的一张大纸上，看上去可能会像这样（但是，重要的是让你的学生们总结出自己的主意）：

・用目光接触（不要让你的眼神游移不定）。
・不打断别人说话。
・经常点一下头，表明你在倾听。
・对别人要说的话要有兴趣和好奇心。
・对说话的人保持全神贯注。

5. 把这张大纸挂在教室里。之后，如果学生们没有运用良好的倾听技能，就让他们从这张大纸上寻找改善的方法。

活动：倾听技能之二

步骤

1. 让学生们分为两人一组。第一步，一个学生告诉另一个学生自己最喜欢的一个电视节目，而另一个学生拒绝进行目光接触。第二步，前一个学生还在说着时，听的那个学生站起身来走开。

2. 让学生们说说自己对这种体验有什么想法、感受和决定。让那些行为"粗鲁"的学生——即便他们只是在进行角色扮演——为自己不是一个好的倾听者而道歉，并且再试一次。这是学生们了解犯错误没关系，要改正并再试一次的一个很好的练习。这还能帮助那些感觉自己被怠慢的学生，为在这个活动的后半段更好地合作做好准备。

3. 两个人中负责说的学生再一次告诉他或她的搭档自己最喜欢的一个电视节目。这一次，在你的指导下，搭档要认真倾听，并使用目光接触和表明自己感兴趣的身体语言（比如身体向说话的学生靠近）。

4. 问学生们对这次经历的想法、感受和决定。

说明

尽管这只是一次角色扮演，但这个活动的前半部分也会让学生们感到很沮丧。

当学生们表达他们从这些活动中学到了什么时，你会发现每个人都知道了什么是拙劣的倾听。要和学生们讨论倾听技能与班会的成功——以及人生的成功——有什么联系。

活动："我"式句

目的

当你谈自己的感受，而不是分析别人时，沟通就会得到改善。这个活动能帮助你明确自己的感受，并坦诚地将其说出来，这会带来与周围的人更好的沟通。

步骤

1. 良好的沟通在很大程度上需要用"我"式句。让学生们通过想一个非常开心的时刻来练习"我"式句。

2. 让学生们给下面这句话填空："当_____时我感到很开心，并且我希望_____。"

3. 然后，让学生们想他们很生气的一个时刻，并给下面这句话填空："当时_____我感到很生气，并且我希望_____。"

说明

感受通常可以用一个词来表达。你可能希望学生们归纳一个感受词汇表，比如开心、生气、尴尬、害怕、难过、兴奋等等，或者可以参考"感觉脸谱"（见下页）进行更多的练习。

一旦学生们学会了运用"我"式句的技能，在沟通出现问题时，他们就会有一个参照。比如，如果你认为一个学生正在以指责或批评的方式进行沟通，你或许可以问他或她："你愿意用'我'式句再试一次吗，或者你愿意寻求同学的帮助吗？"如果这个学生想要得到帮助，就让他或她从那些举手的同学那里选择一条建议。

教室里的正面管教

正面管教感觉脸谱

平静	兴奋	难过	震惊	自豪	怀疑	苦恼
无助	厌倦	自信	拒绝	害怕	坚定	无聊
厌恶	生气	伤心	好玩	嫉妒	羞愧	紧张
恼怒	绝望	喜爱	不知所措	没把握	暴怒	宽慰
孤独	平和	沮丧	满怀希望	暴躁	内疚	担心

第 7 章

专注于解决方案

由民主造成的弊端，没有不能被更多的民主来解决的。

——鲁道夫·德雷克斯

你能想象，如果你的学生专注于解决问题，你的班级会是什么样吗？事实上，你能想象出如果每个人都专注于解决问题，这个世界会是什么样吗？我们将实现世界和平。但是，很多学生对惩罚已经很习惯了，以至于他们将惩罚当作天经地义的方式接受下来。下面这个活动将有助于他们进行更深入的思考，并得出一些不同的结论。

你必须感觉更糟才能做得更好吗

让一名志愿者做下面这样一张招贴，来帮助同学们记住鼓励比惩罚更有效。

> 我们从哪里得到一个荒唐的念头，
> 认为要让人们做得更好，我们首先要让他们感觉更糟？
> 人在感觉更好时，才能做得更好。

让你的学生们回想一次有人试图通过让他们感觉更糟来激励他们做得更好的情形。给学生们每人发一张写有下面3个标题的纸：我受到的惩罚，我对自己和（或）他人做出的决定，我决定要做的事。

然后，让学生们在"我受到的惩罚"标题下列出他们所能想到的尽可能多的事情。可能包括禁足、挨巴掌、斥责和取消特权——让他们补充自己受到过的任何惩罚。让他们准确地回忆当时发生了什么事——就像再次体验那件事一样——并回忆他们当时的感受。

让学生们填上"我对自己和（或）他人做出的决定"和"我决定要做的事"标题下的内容。

我受到的惩罚	我对自己和（或）他人做出的决定	我决定要做的事
课后留堂	这个老师真蠢。	留下来，假装做功课。
请家长	我有麻烦了，我得想清楚如何摆脱麻烦。	告诉父母，说老师在撒谎。
抄写句子	这既无聊又愚蠢。我最好别再被逮着。	抄写句子，然后做我想做的事。
把名字写到黑板上	我不在乎。	忍受惩罚，但不改变。
得到一张红色卡片	我是坏学生。	因为我是一个坏人，所以我放弃。

跟你的学生们分享一下这个例子。问他们："你们有多少人认为这个学生决定以后要更负责任并合作？你们认为，这个学生

可能会决定以后在其他方面怎么做?"

让你的学生们分享一下他们在受到惩罚时对这两个问题的回答。然后,问问他们从这个活动中学到了什么。问他们是否愿意学习以更尊重的方式来相互帮助改善自己的行为——不包括任何惩罚的方式。可能不会有太多学生拒绝这种邀请。要告诉你的学生们,他们可以学会用头脑风暴来寻找比惩罚——甚至比承担后果(通常是经过拙劣伪装的惩罚)——更好的解决方案。

有些班级采用了这样的标语(并制成了招贴):"我们不寻求责备,我们寻求解决方案"、"挑战是什么?解决方案是什么?"随着你给学生们提供越来越多的专注于解决问题的方法,他们对这种鼓励过程就会更加兴奋。下面是专注于解决问题的另外6种方法。

解决问题的 3R1H

正如学生们需要培训和练习掌握学业技能一样,他们也需要训练和练习才能掌握解决问题的技能。下面这个活动会有帮助。

1. 告诉学生们,他们以后的职责将会是寻找不包含惩罚的解决问题的方案。

2. 让全班同学设想一下,有个女孩在另一个女孩的课桌上涂写。在黑板上列出下面这5个解决问题的建议。

- 让这个女孩在地板上坐一个星期。
- 让这个女孩把教室里的所有课桌清洁一遍。
- 让这个女孩清洁另外那个女孩的课桌,其他所有人在旁边看着。

· 让这个女孩道歉。

· 问这个女孩是愿意现在还是当天放学前清洁另外那个女孩的课桌。

3. 现在，告诉学生们解决问题的3R1H：

· **相关**（Related）

· **尊重**（Respectful）

· **合理**（Reasonable）

· **有帮助**（Helpful）

4. 告诉学生们以下定义：

· **相关**（Related）：解决方案应该与行为直接相关。例如，假设有些学生没有做自己的家庭作业，送他们去校长办公室就与家庭作业不直接相关。与这种行为相关的一个解决方案是让他们补上家庭作业，或者这次作业得零分。

· **尊重**（Respectful）：无论解决方案是什么，老师和学生的行为举止和说话语气都应该保持一种尊重的态度。老师们还应该以尊严和尊重的方式接着问解决方案。"你愿意在午餐休息时补上作业，还是在放学后？"这还意味着，学生们事先知道如果自己犯了一个错误，可以有什么样的选择。当孩子们事先知道时，就是孩子们在选择。当他们不知道时，就是由老师随意决定的，会将学生置于任由老师摆布的境地。

· **合理**（Reasonable）：解决方案应当合理——不要加入惩罚。例如，不要说类似这样的话："现在你必须写两遍"或者"现在，我不得不给你父母写个便条，建议他们把你在家里的特权也取消。"

· **有帮助**（Helpful）：解决方案应当有助于学生做得更好。应该有助于解决问题。

5. 再看一次给那个在另一个女孩课桌上涂写的女孩的建议。

对每项建议,要问学生们:"有多少人认为这个建议是相关、尊重、合理和有帮助的?"让他们举手表决。删去那些不符合3R1H解决方案标准的建议。指出符合全部4项标准的解决方案,它将会成为对惩罚的一种很好的替代选择。

一旦学生们用头脑风暴找出了对一个问题的解决方案,让那个造成问题的学生选择一个他或她认为最有帮助的方案是极其重要的。这会在一个安全的环境中鼓励孩子们培养责任感。

解决问题的4个步骤

这4个步骤提供了一种程序和另一种指导,能帮助学生们以正确的方式寻找解决问题的方案。要从告诉你的学生们解决问题的4个步骤开始。

1. 忽视出现的问题(走开要比留下来对抗、打架或争吵需要更大的勇气)。
 · 做其他事情(找另一个游戏或活动)。
 · 离开足够长的时间,以便有一个冷静期,然后进行下面的步骤。
2. 以尊重的方式把问题谈开。
 · 告诉对方你的感受。让他或她知道你不喜欢刚才发生的事情。
 · 倾听对方说他或她的感受,以及他或她不喜欢哪一点。
 · 说说你认为自己在这个问题中的责任。
 · 告诉对方,你愿意采取哪些不同的做法。

3. 达成一个双方同意的解决方案。例如：
- 制订出一个分享或轮流的计划。
- 想出如何弥补。
- 想出如何修复造成的损失。
4. 如果你们没有办法一起解决问题，就要寻求帮助。
- 把问题放到班会议程上。
- 与父母、老师或朋友讨论这个问题。

让你的学生们角色扮演下面这几个假设的情形。让他们用4种不同的方式（每种对应一个步骤）来处理每种情形。

- 因为该谁玩绳球而争吵
- 插队
- 骂人
- 因为谁该坐在校车或小汽车的靠窗位置而争吵

在教给学生解决问题的4个步骤之后，让志愿者把这些步骤做成招贴。做好后，把它放在学生们可以看到的一个位置。有些老师把这些步骤做在钱包大小的塑封卡片上，以便学生们可以随身携带，并在需要的时候拿出来用。有一所学校将解决问题的4个步骤印在了操场上的解决问题长凳上。

安德伍德女士允许她的学生们在任何时候为运用解决问题的步骤而离开教室。她经常会看着两个孩子离开教室，然后看到他们坐在栅栏边交谈。几分钟后，他们会回到教室，继续做各自的事情。

工具卡

当我们倡导专注于解决方案，而不是惩罚和奖励时，有些老师变得很不安。他们想知道，还有什么其他办法吗？

正如你已经发现的那样，这本书里有各种各样的选择。另一个专注于解决方案的选择就是正面管教工具卡。这里有几个例子：

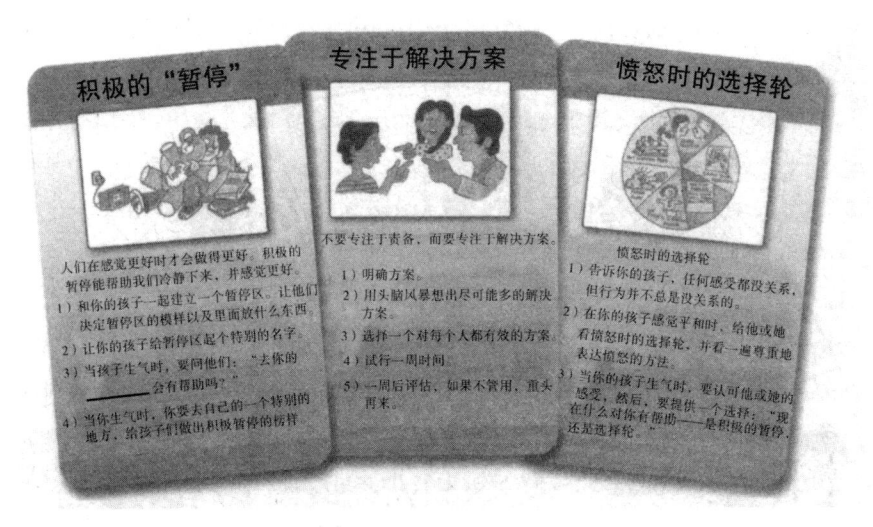

这些工具卡是为父母们和孩子在家里运用而设计的，但其中的大多数用在教室里也同样有效。工具卡在正面管教网站①可以购买。

你或许想从这些工具卡中选择一些能适用于教室中的解决方案的卡片，并将其放在教室里某个地方的一个篮子中。当学生们有问题时，他们可以选择去篮子里随机选一张卡片，看上面的解决方案是否会管用。他们最多可以抽出3张卡片，并从中选择一张他们认为最有效的。

---

① www.positivediscipline.com——译者注

为确保学生们理解卡片上的所有解决方案。每周要让一个学生挑出一张卡片，并让他们围成圆圈讨论卡片上的解决办法。要让全体学生都说说他们对卡片上的内容的理解。如果孩子们需要阐明，老师就要作出解释，并给学生们举个例子，让他们进行角色扮演。孩子们掌握的解决问题的技能越多，你用于为他们解决问题的时间就越少。

选择轮

分享和轮流
忽视问题
寻求帮助
道歉
数到10
到冷静区去
运用错误目的表
将问题列入班会议程
让他们停下来
再试一次
一起解决问题
说出你想要什么
运用"我"式句
交个朋友

选择轮（见上页图），是赋予孩子们自己解决问题的力量——而不是把解决问题的压力都放在老师身上——的另一种方式。选择轮中的每一片，都是孩子们能够学会并运用的一种解决问题的技能。在这个过程中，他们会拥有替代不尊重方式的其他选择。选择轮上的技能为尊重他人、合作和相信自己的能力提供了一个基础。

自《教室里的正面管教》首次出版以来，很多老师都喜欢上了在自己的教室里运用选择轮——不用事先安排。毕竟，难道不是所有学生都知道怎样做像从1数到10让自己冷静下来，或者分享和轮流这种简单的事情吗？在某种程度上他们知道，而选择轮一直很有效。然而，那些帮助我们为新版选择轮（见前页）准备14个教案的老师们发现，当学生们参与能让他们练习这些技能并对这些选择有更深入了解的活动时，选择轮的效力就极大地增强了。

在学生们练习了这些技能之后，他们在选择轮上相应的位置涂上颜色，做成他们自己的选择轮。所有这14个教案在正面管教官方网站都可以找到。"道歉"的活动如下。

活动：道歉

目的
教给孩子们如何真诚地道歉

教具
蜡笔或记号笔，用于给自己的选择轮涂色

说明
有时候，当你犯了一个错误时，你必须在可能的情况下进行弥补，在不可能弥补时至少要道歉。道歉会造成一种情感联结，以便人们准备好一起寻找解决方案。

步骤

1. 教给学生们，重要的不是犯了错误，而是对所犯的错误怎么办。任何人都可能犯错误，但是，只有有安全感的人才会说"对不起"，并在可能的情况下弥补。

2. 让学生们回想一次他们的情感受到了一个人的伤害，而对方毫无诚意地道歉，并言不由衷地说"对不起"的情形。

3. 在教室里，让学生们分为两人一组，相互给对方做出虚伪的道歉。然后轮换，让每个人都有机会给予和接受虚伪的道歉。

4. 用下面的3S示范一次真诚的道歉：

・看到问题（See it）

・说出问题（Say it）

・解决问题（Solve it）

例如："我意识到我拿的铅笔是你的（看到问题）。对不起（说出问题）。给，拿我的一只铅笔吧（解决问题）。"

5. 让学生们练习真诚的道歉。

6. 重新分组，并让学生们分享各自的感受。

7. 提醒你的学生们，他们可以带着一种责任感而不是愧疚，承认自己的错误。

8. 给学生们留出时间，让他们把自己选择轮中的"道歉"部分涂上颜色。

选择轮的应用方式有很多。每个学生都可以在自己的课桌上贴一张自己的选择轮。你可以在教室的墙上贴一张大选择轮。有些学校张贴了很大的选择轮，以至于在操场上都能看到。操场督导老师可以随身携带一个塑封的小选择轮，以便他们能让出现问题的学生看看选择轮，并让他们选择愿意尝试的解决方案。

一个能让学生们从强烈的情感中转移注意力的好玩的方法，是将其变成一个游戏。给选择轮加一个旋转指针，让学生们转动指针，看其停止时指向的解决方案是否对他们有效。如果无效，他们可以选择一个对他们有效的解决方案，或者他们可以继续旋转指针，直到指针停在一个他们喜欢的解决方案上。

塔米·凯斯，一年级的一位老师，让她的学生们从选择轮上选出他们最喜欢的4个解决方案，并将其做成他们自己的风铃。她的学生们画出自己的画像并涂上颜色，作为风铃的顶部构件，在自画像下面挂上他们最喜欢的4个解决方案。

这个风铃就挂在学生们课桌的上方，他们抬起头来就能看见，并提醒他们想起解决问题的技能。

和平桌

在教室里设一张和平桌，让发生冲突的学生可以不受干扰地坐在那里解决分歧，是提醒所有学生专注于对每个人都尊重并有益的解决方案的重要性的另一种方式。有些老师对和平桌不规定任何规则。发生冲突的孩子被鼓励去和平桌那里，做为和平解决问题所需要做的任何事情。有些孩子也许会用解决问题的3R1H、解决问题的4个步骤、工具卡或选择轮。另一些孩子只是交谈，直到他们最终感觉平和下来——无论是否找出了一个具体的解决方案。或许，他们只是理解了对方的观点。

班会议程

一旦你建立了班会制度，介入学生们之间的问题就会很容易——你只需建议其中的一个孩子将问题放到班会的议程上。更好的做法，是你可以提供一个选择："哪种方法对你帮助最大，是解决问题的4个步骤、工具卡、选择轮、和平桌，还是列入班会议程？"实际上，最好只提供两个选择。你可以决定哪两个看上去最适合，并提供给学生选择。

孩子们是我们的未被开发的最大资源。当他们学会相关技能时，他们就会拥有丰富的解决问题的智慧和才能，当他们参与解决问题时，会带来难以计数的益处。当学生们参与制定解决方案时，他们不仅在运用和增强自己的技能，而且还会因为这是他们自己的方案而更有可能遵守。当学生们得到倾听、认真对待，并且其贡献得到重视时，他们就会培养出自信和情感联结的感觉。因为他们感觉自己是班集体的一分子，他们做出不良行为的动机就会减少，并且更愿意去努力寻找问题的解决方案。

正面管教的实际应用

三年前，我们在我们的基督教青年会课外活动项目中采用了正面管教方式。我们以前用的是奖励和惩罚的方法，发现这种方法没有营造出我们所追求的课堂氛围。在采用正面管教方式后，我们在孩子们和全体教师身上立即看到了变化。我们是从教给我们的教职员工诸如身体语言、语调和眼神交流的一些基本原则开始的，然后逐渐过渡到教室指导原则、每日班会和积极的暂停。让孩子们接受这些是需要时间和连贯性的，但一旦他们接受了，我们就看到了令人惊奇的结果。

三年后的现在，正面管教已经成了我们所有2~18岁孩子的项目中必不可少的一部分，包括我们的日间夏令营。我们的全体管理人员都需要读《教室里的正面管教》，所有教职员工在上岗前都要接受正面管教的活动培训。每个班级都召开班会，制定自己班级的指导原则，并通过试错来找出解决方案。我们以前是告诉孩子们规则是什么、惩罚是什么。现在，孩子们自己制定指导原则，在遵守这些原则的过程中，他们感觉这是他们自己的，并且很自豪。他们感觉自己被赋予了力量并受到了尊重。我们从本书中获得的最重要的东西，就是我们正在致力于改善，而不是完美。

劳拉·凯尔默、杰夫·玛丽兹卡

基督教青年会，威尔顿，康涅狄格州

第 8 章

教室管理工具

> 我们总是在鼓励或者挫败着自己周围的人的信心,并因而在极大程度上增强或削弱着他们正常表现的能力。
>
> ——鲁道夫·德雷克斯

当教室管理建立在相互尊重的基础上时,学生们在学业和社会情感技能方面都会学得最好。本章介绍了 11 种管理工具,以确保尊重的教室管理能贯穿全天。就像任何一个工具箱一样,没有哪件工具会适合所有的工作;有多种可供选择的工具是很重要的。

有个学校校长说,当有个老师来找她投诉一个学生时,她会打开我们这本书以前的版本,翻到教室管理工具那一章,并浏览一遍标题,问这位老师都尝试过哪些正面管教方法。这样做是为了提醒老师们有很多方法可以运用。

1. 有限制的选择

当选择以解决方案的形式呈现时，很多难题看上去就更容易解决了。作为老师，你可以通过在至少两个可接受的解决方案中给学生们提供一个合适的选择，来帮助他们成功地解决问题。这里的关键词是"合适的"和"可接受的"。

很多时候，一个选择是不合适的。例如，给学生们一个诸如是否想学习阅读、上学、伤害他人、置身于爬上屋顶的危险境地等等的选择就是不合适的。还有一些选择是合适的，但有限制的，比如，"你可以读这本书或那本书"，或"你可以在空闲时间或回家后做家庭作业"，"现在哪种方法对你最有帮助——是使用解决问题4步骤，还是选择轮"。

对于年龄较小的学生来说，提供范围很大的选择是不合适的，比如，"你想坐在哪里"或"你想学什么"。年纪较小的学生需要带有更多限制的选择，比如，"你可以坐这张桌子或那张桌子"、"我们可以先做美术作业或数学作业。你们想先做哪个。"对年龄大一些的学生，你可以提供更宽泛的选择，因为他们作决定和处理后果的技能通常更加成熟。对年龄小的学生们，你可以问："你们想写一篇关于蝴蝶还是乌龟的报告？"对年龄大一些的学生，你可以给他们一个像这样的选择："你们想用一周还是两周时间来完成你们的报告？你们自己挑选主题。"

当你愿意接受学生从两个选项中选择的任一项时，你提供的选择才是可接受的。不要提供一个对你来说不可接受的选择。当你提出一个选择时，如果你的学生的选择完全不同，要说："这不是其中的选择。再选一次。"

2. 班级事务

分派班级事务——给学生们以有意义的方式做出贡献的机会——是帮助学生们感觉到归属感和自我价值感的一种最好的方式。做分派给自己的事，会使学生们有一种做出贡献的满足感，而老师们也不必每件事情都亲力亲为了！

分派班级事务的一种简单方式，是用头脑风暴想出足够多的事务，以便每个学生都有事可做。其中的一件可以是监督员，即每天检查班级事务清单上的各项事务是否都已完成。如果有未完成的，监督员的职责就是提醒那个忘记的学生。

要将事务清单做成一张表，贴在同学们能方便地看到的一个地方。你们的清单或许包括以下内容：

做班级事务表	收作业
发作业	喂鱼
浇植物	传达办公室消息
装饰布告板	装饰教室
整理书架	补充教学物品
做队列监督员	做卫生监督员
清空铅笔刀	做学校餐厅监督员
做早晨迎接员	做操场设备监督员

一个好办法是设立一套轮流机制，并且每周轮换各项事务。有时候，有些学生喜欢整个学期都做同样的事情。如果大家都同意，这种选择也很好。如果一个学生做大家都喜爱的事务很长时

间，你可能会遭到学生们的抗议。

你可能希望每天留出一部分做班级事务的时间，以便学生们在做自己承担的事务时，不打扰其他同学。有些事务可能需要培训，所以，要花时间让学生知道备用的教学物品在什么地方，或者如何成功地完成这项事务。在做班级事务的时间，要让学生们能找到你，以便帮助那些需要你协助的学生。

彼得森夫人的学前班，用头脑风暴想出了打扫卫生时间需要做的事情，然后给每件事都起了一个淘气的名字。打扫桌子下面碎纸片的人，称为"最干净"（Tops and Tidy），或"T&T"。每个学生要把自己正阅读的书放在各自的盒子里，负责整理这些盒子的人称为"书盒子"（Books&Boxes），或"B&B"。负责分发作业或其他物品的人被称为"课桌船长"（Table Captain），或"TC"。负责监督下课后将椅子推到课桌下面的人被称为"大C"。

彼得森夫人说："我一说'打扫教室的时间到了'，教室很快就被打扫干净了。每张桌子有4个学生，所以我们在打扫时间有4件事情。这些事情每周一进行轮换。如果有人没来，他的工作就由上周负责该项工作的人来完成，这个人同时也要完成自己的工作。"

特劳博夫人的班级精心设计了一个班务表。学生们用图画纸为每项任务设计了一个口袋。然后，每个学生设计了一张写有自己名字的卡片。监督员的首要任务就是轮换口袋里的姓名卡片。

拉森夫人是一个高中的美术老师，她因为要去参加一个研讨班，不得不缺两天课。她用了一种不同的方法来分配她外出期间的班级事务。在离开的前一天，她问她的学生们是愿意让代课老师给他们放电影，还是愿意用老师的教案自己上课。这个班级正在为学校制作一幅壁画，学生们想按时完成，他们都自告奋勇地举手争着承担那些必须要做的事情。当拉森夫人从研讨班返回后，代课老师留下了一张字条，说学生们表现很好，都很重视自己的任务，并且都是出色的老师。

3. 只做，不说

你可以用行动代替言语。花一天时间听自己说话。你或许会惊讶自己说了多少无用的话。如果你决定多做少说，你的学生们就会注意到这种变化。不要一遍又一遍地让学生们安静下来，要静静地等着他们将注意力放到你身上。如果班里太吵闹，你就按一下电灯开关。

一位老师不停地唠叨她的学生在进教室时别在黑板上乱画。这一次，她试着闭上嘴走到学生身边，温和地拿下他们手里的粉笔，并轻轻地将学生转向他们的课桌。学生们非常惊讶，他们立即坐了下来，打开课本，开始学习。这位老师几乎和学生们同样惊讶。她学会了停止说那些不是当真的话。如果她的话是当真的，她就准备好了用行动而不是言语坚持到底。因为这意味着她从始至终全神贯注于一个问题，她很快就开始忽略那些小干扰，而处理那些非常重要的事情了。

对于年龄小的孩子（3～8岁），坚持到底比较简单。当你说事情时，要说到做到。当你想说到做到时，就用和善而坚定的方式坚持到底。或者，正如德雷克斯常对父母和老师们说的那样："闭上你的嘴，行动。"

瓦尔德夫人习惯于哄劝着珍妮弗把她的积木收好，去和小朋友们围成一圈读书。在学过坚持到底之后，她决定换一种方法。在第二天的阅读时间，她走到珍妮弗身边，牵着她的手，和善而坚定地把她带到了读书的地方。之后，在课间休息前，她问詹妮弗："在你准备休息前，你需要做什么？"珍妮弗一脸茫然地说："我不知道。"瓦尔德夫人只是指了指那些积木。珍妮弗走到那些积木旁，慢吞吞地收拾着。当休息铃声响起时，她刚收好了大约一半。瓦尔德夫人在门口拦住了她，又把她带到积木区，并指了指那些积木。珍妮弗以尽可能快的速度收好积木，以免错过更多的休息时间。珍妮弗知道，她那些操纵别人的小伎俩不管用了。瓦尔德夫人知道了用很少的话语坚持到底，要比用长篇大论的说教、威胁和惩罚多么容易、多么有效。

如果你认为你的学生不会像珍妮弗那样轻易合作，也不要气馁。如果你遵循"有效地坚持到底的4个步骤"，并避开"挫败有效地坚持到底的4个陷阱"，即便在学生们不是特别愿意的时候，他们也会合作。他们似乎能感觉到要求做的事情是合理的，并且他们是在以尊重的方式承担责任。

随着孩子们再大一些，如果他们更多地参与达成一致的过程，坚持到底就会更有效。"有效地坚持到底的4个步骤"描述了这个过程。

有效地坚持到底的4个步骤

1. 在班会上，或与一个或几个学生进行的会议上，进行一次友好的讨论，让每个人都说出他或她对某个问题的感受和想法。

2. 用头脑风暴想出可能的解决方案，然后选择出老师和学生都同意的一个方案。

3. 就一个具体的最后期限达成一致（精确到分钟）。

4. 要充分理解你的学生可能不会遵守最后期限。你要通过让学生们承担责任，用坚持到底来执行达成的约定，就像瓦尔德夫人那样来贯彻执行协议中你应承担的部分。

挫败有效地坚持到底的4个陷阱

1. 期望学生们优先考虑的事情与成年人的一样；

2. 评判和批评，而不是对事不对人；

3. 事先没有达成一致，包括具体的期限以及老师将采取的具体行动；

4. 以话语代替行动。

洛克纳女士，一所高中的舞蹈老师，在上课的第一天，她告诉学生们要么光着脚跳舞，要么穿舞蹈鞋，马上就引起了热烈的讨论——女孩们想知道为什么她们不能穿着长袜或网球鞋跳舞。洛克纳女士解释了原因，都是出于安全的考虑。她理解女孩们不想光脚，并且意识到舞蹈鞋很贵，但是她说除非女孩们穿对，否则不会允许她们跳舞。

自然，在开学的第一周，有几个女孩忘记了带她们的舞蹈鞋，并且抱怨不得不光着脚跳舞。洛克纳女士运用了坚持到底，她微笑着问她们："我们的约定是什么？"在这些女孩争辩、恳求并哄着她允许她们穿网球鞋跳舞时，她继续微笑着，一个字也没说。当洛克纳女士拒绝与她们争论、解释后，这些女孩脱掉了鞋袜，光着脚跳起了舞，并且没有再抱怨。

坚持到底是指导学生们做那些对他们有益的事情，或者对自己和他人保持尊重的一种温和的方式。养育和教育孩子并不容易。运用坚持到底的方法可以使其变得容易一些——并且还会有更多的回报。

有些老师反对运用坚持到底，说："我们不想监督学生们遵守约定。我们期待他们不需我们的任何努力就能承担起责任。"对这些老师，我们会问4个问题：

1. 当你不花时间以尊敬和尊重的方式执行你们的约定时，你会因为他们没有遵守约定而花时间来斥责、说教和惩罚他们吗？

2. 你注意过孩子们对于遵守对他们重要的约定有多么负责任吗？

3. 难道你不是更愿意做自己优先考虑的事情，而不是自己不想做的事情吗？

4. 什么能激励你去做你不想做的事情——来自别人的尊重，还是不尊重？（尽管收好积木也许不是珍妮弗优先考虑的事情，但她把积木收好是很重要的。）

与斥责、说教和惩罚相比，运用坚持到底所花的精力更少，并且更加有趣和富有成效。这有助于老师们表现得更加主动和体贴，而不是被动和轻率。这能帮助你在教给学生们为班级做出贡献的重要性时，通过尊重学生来赋予他们力量。它对专断和娇纵方式都是一种极好的替代选择。运用坚持到底的方式，你在对涉及到的所有人保持尊敬和尊重的同时，能够满足情形的需要。坚持到底是帮助学生在学习成为对社会有贡献的一员所需要的人生技能的过程中，对自己感觉良好的一种方式。

4. 启发式问题

太多的老师会告诉自己的学生发生了什么事情、什么原因造成的、他们对此应该如何感受，以及应该怎么办。相反，老师应该问学生们：

发生了什么事？
你们有什么感受？
你们认为是什么原因造成的？
其他人是怎么牵扯进来的？
你们对于解决这个问题有什么主意？

这只是可以问的问题的几个例子,不应该被当作脚本——那样听起来会显得不真诚。你可以在很多情形中用很多种方式(你自己特有的)问启发式问题。

一位 8 年级的老师想重新布置自己的教室。她开始告诉学生需要怎么做,但突然意识到这是让他们自己思考步骤的一个大好机会。她问道:"我们怎么布置教室才能让每个人都能相互看到,你们有什么主意吗?"五六个学生提出了建议,全班同学投票选出了最喜欢的一个。

这位老师出于习惯开始指挥每个学生该做什么,但又一次意识到了她可以"问"而不是"告诉"。这会让布置教室比平常花更长的时间,但是,孩子们在思考和积极参与的过程中得到了锻炼。尽管她知道改掉发号施令而不是问问题的习惯有多么难,但她认定这样做是值得的。她的学生们比平时有了更多的参与,并且都投入到了教室的重新布置中,而不是把事情留给少数几个人。

当你告诉学生们该做什么,而不是问问题时,你就会阻碍学生们培养他们的判断能力、推论能力和承担责任的能力。你就无法给他们一件珍贵的礼物——把犯错误看做是学习的机会。"告诉"而不是"提问",还是在教给学生们思考什么,而不是如何思考,这在一个到处是同龄人压力、偶像崇拜和帮派团伙的社会中是非常危险的。在你禁不住想告诉的时候,要制止自己,并用提问来代替。

通常,尊重地问问题会带来合作。由于大多数成年人更有经验的是"告诉",而不是"问",下面这个活动将让你练习一些问"什么"和"如何"的问题。你也许想在一次教职工会议上尝试这项活动。

活动:"什么"和"如何"的问题

目的

体验帮助学生们从他们的经历中学习要比对他们进行长篇大论的说教或惩罚更有效

说明

教育(Education)一词源自拉丁语的"educare",意思是"引出"。成年人太多的时候是通过长篇大论的说教进行"灌输",然后还奇怪学生们为什么充耳不闻,而不是学到东西。

步骤

1. 让参与的人分为两人一组,面对面坐在椅子上。
2. 让他们轮流角色扮演学生和老师(每人1~2分钟)。
3. "老师"以说他或她注意到的一个行为(比如没有交作业)作为开始,然后,要避免长篇大论说教的冲动。相反,这个"老师"要问一系列"什么"和"如何"的问题。示例如下:

- 我注意到你没有交作业。发生了什么事?(倾听)
- 你认为造成这件事的原因是什么?(倾听)
- 你对这件事情有什么感受?(倾听)
- 你认为这件事对其他人可能会产生什么影响?(倾听)
- 你从这次经历中学到了什么?(倾听)
- 你打算如何解决这个问题?或者,你有什么办法防止这类事情再发生?(倾听)
- 我能怎么帮助你?(倾听)

对你来说,保持对学生的倾听是很重要的。老师们往往禁不住匆忙介入,并开始对学生所说的事情进行长篇大论的说教。这会导致学生停止从中学习,并且变得很戒备并听不进去。

通常,学生们说"我不知道"是因为他们已经知道自己有权拒绝自证其罪。这样说也许会有帮助:"我相信你能把这件事情想明白。10分钟后(或明天早晨)我会再来找你。"要确保设定一个继续讨论的准确时间,然后要遵守约定。

有些校长将上面这个活动中的提问写在了纸上。当有学生被送到校长办公室时,就让学生通过书面回答这些问题来思考所发生的事情。然后,校长和学生会以学生的回答为基础讨论并解决问题。

提醒一句:除非你真正感兴趣并想帮助学生们学会思考和解决问题,否则就不要询问他们的想法。绝对不要对学生的回答进行长篇大论的说教。如果学生告诉你他们因为没有轮到自己而很生气,告诉他们应该更有耐心是不合适的。你要么有礼貌地倾听,要么不断地问能让学生们自己得出结论的问题。

5. 转移行为的问题

转移学生们行为的最好方式之一,就是问与你想要改变的行为有关的问题。例如,如果教室里太吵了,你就问:"你们有多少人认为太吵了,让人无法集中注意力?有多少人认为不吵?"为了让学生们诚实地回答,从两个角度问问题是很重要的。很多正面管教的老师设计了孩子们可以用来回答此类问题的一系列手势,比如大拇指向上、大拇指向下,如果回答"我不知道"就双手摊开相互交叉。

问问题通常就足以让学生们思考他们的行为以及需要怎么做了。当形成相互尊重的氛围时,学生们通常就会想合作。问的问题就能帮助他们知道需要怎么做。

在学生们做着各自的事情时,就可以问这类问题。不需要进行任何讨论。看到仅仅通过问一个转移行为的问题就能使情况得到那么大的改善，是非常有趣的。我们看到过一位老师创造性地运用转移行为的问题，她在一项活动进行的过程中让学生们停下来，并问："我得问一下，你们有多少人想帮助约瑟学习乘法表？约瑟，看看那些举手的同学！挑一个人帮助你练习7的乘法口诀。"

6. 什么也不做（自然后果）

令人惊讶的是，相互尊重的教室管理的一种有效工具，竟然是什么也不做，看看会发生什么。一位8年级数学老师对自己教室里的小干扰都会做出反应。她回答每个问题，对每一件令人厌烦的事都要说几句，把上课的大部分时间都用在了"灭火"上，课程毫无进展。当听到"什么也不做"的办法时，她很怀疑。她从来没有想过她可以让一些事情顺其自然，但她决定要试一试。

让她吃惊的是，学生们常常会自己停止捣乱行为，或者其他同学会要求他们停止。当她不再对那些看上去不合适的问题做出回应时，那些没完没了的问题似乎都消失了。后来，她无意中听到一个学生说："别去问老师了。她今天很不顺利。也许我能回答这个问题。"

当听到学生们在相互帮助时，她说："我很高兴看到你们不需要我参与就能解决那么多问题。我没有生你们的气，也不是今天不顺利，但我确实想少做一些反应，多教一些课。有多少人愿意帮助我？"班里的所有学生都举起了手。

7. 决定你自己怎么做

正面管教的大多数工具都鼓励学生们参与，以帮助他们学会合作并培养社会兴趣。然而，有时候，老师可以决定自己怎么做（而不是学生们应该怎么做），并且以和善而坚定的行动，而不是说教和惩罚，来坚持到底。

难道我们不知道我们唯一能够控制的就是我们自己的行为吗？成年人也许能够迫使孩子们行为尊重，但我们无法强迫孩子们"感受"到尊重。鼓励学生们感觉到尊重的最好方式，就是控制我们自己的行为，并做出尊重的榜样，既尊重我们自己又尊重他人。

尊重和鼓励的一个重要部分，就是尊敬一个人控制他或她自己的行为的权利。当老师们试图控制学生们的行为时，他们对学生就是不尊重的。尽管成年人对孩子们经常不尊重，但他们却坚持孩子们应该对成年人表现出尊重。这有道理吗？

对有些老师来说，决定自己要做什么而不是试图控制他人，也许是个新观念。下面的例子会让你形成创造性的思考。

一位老师厌烦了总是重复各种说明。她告诉全班学生，以后她的说明只讲一次，在必要的时候会写在黑板上。如果有人不理解或没听到，也没关系，可以问同学。老师不会再重复说明。有些学生还是来找她问，但这时，她只是微笑着耸耸肩。这些学生们要么开始做功课，要么向别的同学寻求帮助。

下面这个例子说明的是坚持到底和决定你要怎么做的一种结合。亚当斯夫人很难忍受贾斯汀，他会不停地离开座位问她问题。尽管她尽量回答了他的问题，但她注意到他真正想要的是持续的关注。她察觉到了自己的恼怒感受，并运用错误目的表（见第4章）证实了贾斯汀的错误目的是"寻求过度关注"。这种认识帮助她确定了一个鼓励贾斯汀的计划。她对他说："我注意到你有很多问题。我愿意每天回答三个。每回答你的一个问题，我就竖起一根手指，当三个指头都用完的时候，我当天就不会再回答你的任何问题了。在你来问我之前，你也许想确定自己是否能想出问题的答案。"通过这种方式，亚当斯夫人断绝了贾斯汀寻求过度关注的念头，但仍然用两人之间的特殊信号来给他一些特别的关注。

星期一，贾斯汀的行为照旧，而亚当斯夫人在回答过三个问题之后，以坚定而和善的方式做到了坚持到底，并且没有说话。星期二，他来到她的讲桌前的次数是平常的两倍（一开始，在找到一种新的行为方式之前，孩子们往往会更努力地尝试得到他们以前习惯的回应）。亚当斯夫人怀疑自己的办法是否管用，但她提醒自己，她已经决定了要坚持一个星期。当贾斯汀因为她不再多回答问题而抱怨时，她向他微笑着举起了三根手指。第四天，他只来找了她两次。在星期五，贾斯汀说："我想我今天只有3个问题。下周这也够了。"

亚当斯夫人长出了一口气。"贾斯汀，"她说，"当你不再问那么多问题时，我对回答你的问题感觉好多了。我注意到你自己已经找到了很多问题的答案。你做得很好。"

贾斯汀已经知道了他的老师说到做到，而且她会以坚定而和善的行动坚持到底。他还知道了自己的选择有一个相关、尊重和合理的后果。他可以选择问20个问题而只得到三个问题的答案，也可以选择只问三个问题。他学会了承担责任。他还知道了他有能力自己找出一些问题的答案。他得到的最了不起的礼物之一，是他得到了一次机会，学习以尊敬和尊重的方式对待自己和他人，这正是这位老师如此完美地表明的。

8. 尊重地说"不"

说"不"是可以的。如果你总是说"不",就是一个问题,但是,有些老师认为若没有一番长长的解释,他们就没有权利说"不"。

一天,一个6年级的学生在特别吵闹的时候问自己的老师:"我们能休息一会儿,做个游戏吗?"老师回答:"不。""为什么不?这不公平。史密斯先生就让他的学生这样做。"

这位老师说:"看着我的嘴。不。"

"噢,别这样,大度一点。你太严厉了。"

"你不理解'不'的哪一部分?"

"好吧,你真没趣。我猜我们得完成功课。"

这位老师只是笑了笑。

这位老师的行为听起来可能是不尊重的——有些人认为她应该解释原因。但是,真正的不尊重是向学生们解释他们已经知道的事情。这些学生知道他们需要怎么做,并且是在试图通过操纵老师不做他们该做的事情。这位老师和善而坚定地避免了落入学生的操纵,由此表明了对她自己、对学生们和对情形的需要的和善而坚定的态度。

9. 同等对待每一个学生

老师们时常会因为一个问题而批评一个学生。但是,要真正搞清某一种情形都涉及到了哪些学生,是很困难的。假装或者相信你有能力同时做法官、陪审员和检察官是不现实的。

更好的办法是同等地对待所有的学生，就像下面这些做法一样。

当其他学生做功课时，一两个学生在窃窃私语。"同学们，这里太吵了。"

一个学生告另一个学生的状。"我确信你们两个能解决这个问题。"老师说。

一个学生抢了另一个学生的书，纸片飞得满教室都是。"请把纸捡起来，回去做功课。"老师说。

注意，这位老师没有点出哪个学生的名字。她通过提到每个人，同等地对待学生们。

假如学生们的反应是："这不公平。我没做任何错事。"或者"老师，是汤姆干的，不是我。"你只需说："我对找出是谁的错或指责不感兴趣，只对解决问题感兴趣。"

很多老师认为解决每一件事情是自己的职责，并且自己是唯一有好办法的人。相反，要让问题涉及到的那些学生想出该怎么做，然后看看他们解决问题的创造力，这是"同等对待每一个学生"的一种变化形式。

在一个教室里，学生们为谁能在课间休息时玩球而争吵。老师说："我要把球收起来，直到你们想出一个不用争吵而一起玩球的方法，当你们想出方法之后来告诉我，你们就可以再试一次。"一开始，学生们一直在抱怨，但后来，有 3 个男孩说："我们有方法了。姓氏以字母 A 到 M 开头的孩子在星期一和星期三玩球；N 到 Z 开头的孩子在星期二和星期四玩球。星期五自由。我们都同意了。"

在这个例子中，如果学生们又开始争吵，老师可以简单地说："重来一次吧。玩球的方案似乎不管用了。当你们准备好再试一次时，来告诉我，然后你们就可以玩球了。"

10. 积极的暂停

因为这样或那样的原因，我们都会有时候表现不是最佳。丹尼尔·西格尔在《由内而外的养育》一书中称之为"掀翻了我们的盖子"，这是我们"被动反应"而不是理性地"行动"的时候。西格尔博士用一个紧握的拳头作为大脑模型。包住大拇指的手指代表大脑皮层，这是唯一能产生理性思维的地方。拳头中的大拇指代表中脑，这里存储着过去的恐惧，包括对自己能力不足的恐惧。这些恐惧的记忆能激活脑干中负责战斗－逃跑－呆住不动反应方式的部分，可以由手掌到手腕来表示。[1]

积极的"暂停"不同于惩罚性的"暂停"。当一个孩子被送去"暂停"，并且通常被告知"想想你做的事"时，就是惩罚性的"暂停"。惩罚性的"暂停"包括一种责备、羞辱和惩罚的感觉。

积极的"暂停"没有责备或羞辱。老师会让学生们参与建立一个能帮助他们平静下来并感觉好起来的空间——教给学生们自我调节。由于"暂停"有个惩罚性的名声，要让学生们给这个空间起个能代表其目的的名字，比如"冷静空间"、"好感觉空间"或"夏威夷"。然后，不要送孩子们去积极暂停的地方，而要邀请他们选择。积极暂停的规则之一，或许就是孩子们在感觉需要的任何时候，都可以去那个空间。老师也可以提供一个选择："现在什么对你会有帮助——是把这个问题写到班会议程上，还

---

[1] 见西格尔博士在 http：//www.youtube.com/watch？v＝DD－lfP1FBFk 网站上的展示。——作者注

是去我们的'冷静空间'？"建立这个空间，为其命名，并且自己选择去这个空间，会让学生们感觉到这个空间是他们自己的。

积极的"暂停"教给孩子们有价值的人生技能——花一些时间平静下来，直到大脑的理性部分重新掌控。对学生们来说，这是一种鼓励并赋予他们力量的体验，而不是一种惩罚和羞辱的经历，并且会给涉及到的每个人一个冷静期。

积极的暂停是鼓励性的，因为它能让学生们休息片刻，并且在他们准备好改变自己的行为时再试一次。惩罚性的"暂停"也许能暂时阻止一个学生的不良行为，但是，如果这个学生决定报复或放弃，其好处就只会是短暂的。在一次积极的"暂停"中，老师会提醒学生感受和行为不是一回事，而且我们的感受从来不会是不妥的，但我们的行为常常会不恰当。一次积极的"暂停"能够帮助学生平静下来，直到他或她感觉好起来，因为人在感觉好的时候才能做得更好。

那些更关心长期益处而不是短期控制的老师们，会看到积极的"暂停"所具有的鼓励价值。关键是老师的态度和给学生的解释。

正如我们讨论的大多数方法一样，让学生们参与是很重要的。在下面这个活动中，学生们帮助创建了一个积极的"暂停"区。

活动：积极的"暂停"

目的

教给学生和老师，暂停可以是积极的、具有鼓励性的，并且能赋予力量，而不是惩罚

说明

我们从哪里得到了一个荒唐的念头，认为为了帮助学生们做

得更好，我们先得让他们感觉更糟？学生们（也包括成年人）在感觉更好时才能做得更好，而不是在他们感觉更糟时。

步骤

1. 问学生们认为在体育比赛中"暂停"的目的是什么。（他们或许会提到诸如喘口气、重新布阵和提出一个新计划。）

2. 解释每个人时不时都需要暂停一下，因为我们有时都会做出不良行为，并且犯错误。暂停可以帮助我们有一个地方梳理感受、平静下来，然后决定该做什么。要解释不是为了惩罚，而是为了平静下来，直到感觉好起来。一旦感觉好了起来（作暂停的人可以自己决定这个时刻），他或她便可以重新加入到群体中。

3. 请你的学生们来设计一个积极的暂停区。由于大多数人很难认为"暂停"是积极的，要让他们在作计划时给暂停区起个名字。有些学生决定把他们的暂停区称为"冷静的地方"或"好感觉之地"。

4. 让学生们分成6人一组，给每组一张厚纸和一支记号笔。给他们5分钟时间做头脑风暴，想出"暂停"的理想区域，这里将被设计成让他们感觉好起来的地方。很多暂停区都有软垫、书、填充动物玩具（即便是高中生也喜欢），以及一些播放舒缓音乐的设备。

5. 让学生们将纸翻过来，并用头脑风暴想出一个"暂停"的指导原则。要告诉他们，有些老师反对："如果学生们就为了去听音乐做出不良行为怎么办？"或者，"如果学生们想一直呆在'暂停区'，因为他们更愿意在那儿玩玩具或在豆袋椅上睡觉怎么办？"要鼓励他们在提出的指导原则中考虑解决这些担忧的办法。

6. 在5分钟头脑风暴之后，让每组大声读出各自的建议。与全班同学一起分析这些建议，以形成一个用于积极暂停区的计划，这个计划应该尊重每个人，并且对那些需要"暂停"的学生有帮助。

7. 和学生们讨论，哪种"暂停"（惩罚性的或积极的）更有助于激励他们改进行为。为什么？当他们被罚去做惩罚性的"暂停"时，他们会怎么想、有什么感受、会怎么决定？当他们去做积极的"暂停"时，他们会怎么想、有什么感受和决定？

说明

老师们经常害怕学生会利用"暂停"去打盹、看闲书，或者只是凝视窗外。如果你的学生真这样做，那你就有另一个问题需要关注——权力之争、报复循环，或者自暴自弃。如果是这种情况，你可能需要按照"错误目的表"（见第4章）中的建议去做，问一个"什么"、"为什么"和"怎样"的问题，或者在一次班会上得到寻求解决方案的帮助。

在你将积极的暂停教给学生们之后，当他们遇到一个问题时，你就可以将积极的"暂停"作为一个选择提供给他们。如果有学生行为不当（对他人不尊重），就要问这个学生去暂停区是否有帮助，或者给这个学生提供几个选择。例如："现在怎样对你最有帮助，是积极的暂停、用选择轮，还是把问题放到班会议程上？"当积极的"暂停"作为若干选择中的一项供学生选择时，它就能使学生们承担起责任。

积极"暂停"伙伴

有些老师们允许学生选一个倾听伙伴陪他们一起去做"暂停"。在学生们了解倾听技能（从第6章的活动中）之后，带一个倾听的朋友或许会被他们写入"暂停"计划。这意味着，学生可以选择一个愿意和他或她一起去做"暂停"的朋友，倾听他或她说说目前的问题或情形。或者，这个倾听伙伴可以静静地坐在那里给这个生气的同学一些安慰。有人倾听的诉说，会有很好的治愈效果。

初中生和高中生的积极"暂停"

很多老师都担心，年龄大的学生会利用积极的"暂停"，并整天都呆在那里。如果学生们以尊重的方式参与积极暂停区的设立及其使用的指导原则的制订过程，就不会出现这种情况。

有个高中班级设计了一个看起来像夏威夷的积极暂停区。全班同学一起制作了有海洋、沙滩和棕榈树的壁画。学生们还捐献了两把沙滩椅、一只毛绒海豚和一些贝壳。

有些老师给学生们提供一个计时器，让他们根据自己感觉好起来所需要的时间来定时。大多数学生设定的积极"暂停"的时间都不超过10分钟。有些老师允许学生们在那里想待多久就待多久，相信他们不会滥用这种特权。如果这种特权被滥用，这个问题就会在班会上讨论，以便找到解决方案。

人在感觉更好时才会做得更好。我们不采用以惩罚性的暂停通过让学生们感觉更糟来激励他们做得更好。告诉学生"去做暂停，想想你做的事"，是没有帮助的。有帮助的是告诉学生："当你做暂停时，要做一些帮助自己感觉好起来的事情，因为我知道当你感觉更好时才会做得更好。"对了，顺便说一句，老师们也可以做暂停！

11. 每次一小步

采取一些小的步骤，是一种重要的教室管理工具。通往成功之路是每次一步走出来的。如果你把目标定得太高，你可能永远不会开始，或者如果所有的事情不能在一夜之间发生，你就会感到沮丧。我们已经讨论了很多教室管理工具。你或许想在办公桌上放一份清单，以方便参照。要把你自己鼓励学生并促进他们的重要人生技能的非惩罚性方法也加进去。

这些教室管理工具的目的,是要教给学生们错误是学习的机会,教给他们当成年人不在身边时有用的人生技能,帮助他们感受到归属感和自我价值感,这样,他们就不会感觉需要那些无益的行为了。

正面管教的实际应用

在我的一年级班里,我教给了学生们积极的暂停,并让他们建立了一个空间。他们给它命名"舒服的地方"。我的一个学生很难处理自己的愤怒。有很多事情影响着他——家里的艰难状况,还有他被诊断为多动症。(在开学的第一周,他推了另一个同学,并且大喊道:"我要用刀戳你的脸!")

在星期五,另一位老师来我们班讲"心智提升"课。在上课过程中,我的这个学生因为有一个观点要分享,举了很多次手。这个老师叫了他几次,但在下课时,在这个孩子的手还举着的时候,老师就离开了。当这个老师离开教室后,我叫了那个学生,他开始冲我大声喊叫。我向他解释说我很想和他谈谈,听听他有什么要说的,但我们要等到他以尊重的方式跟我说话。他站了起来,就在我要说点什么的时候(但我没说,谢天谢地),他跺着脚朝教室后面走去,两只拳头攥得指关节发白,大喊着:"我对你太生气了!!!"有一刻,我担心他会冲出教室去,但是,他去了"舒服的地方"!!!他在那里待了大约5分钟,然后,他自己走回到地毯上,坐了下来,举起了手。他仍然显得很生气,甚至有点义愤填膺,但是当我叫他名字的时候,他能够以尊重的方式告诉我,他因为那个老师没有叫他而生气。我告诉他,我能理解为什么这会让他感到生气。我还让他说说他的想法,他说了。成功了!!

希瑟·莱德
一年级老师,南加利福尼亚

第 9 章

解决恃强凌弱的方法

鼓舞信心、造成一种亲密无间的感觉并将纠葛视为需要理解和改进的课题而不是鄙视的对象，这样做所产生的有益影响会超过其可能造成的任何伤害。

——鲁道夫·德雷克斯

媒体上几乎没有哪一周会缺少恃强凌弱事件的报道。尽管恃强凌弱是有史以来就存在的现象，但媒体始终将其作为我们警觉和关切的突出问题。

现在，人们正在齐心协力教父母们、学校工作人员和孩子们了解恃强凌弱行为。这可能是发生了几起学生因感觉受到嘲笑和剥夺而杀死其他无辜学生事件的结果。很多学校都实施了针对恃强凌弱行为的项目。其中有一些学校采用的是惩罚性的解决问题的方式，而另一些学校采用的是赋予学生们力量和增强自尊的方法。

什么是恃强凌弱

丹·奥尔维斯（Dan Olweus），是斯堪的纳维亚地区研究恃强凌弱问题的专家，他将恃强凌弱定义为：一再故意地对一个很难保护自己的人做出残忍或伤害行为。恃强凌弱行为的目的是伤害对方，并且双方存在一种力量的不平衡。奥尔维斯认为，欺凌者是过错方，受害者是无辜的。奥尔维斯认可班会是防止恃强凌弱行为的最佳方式之一，但他的解决办法并没有提到召开班会的方法。

恃强凌弱是解决一个想象出来的问题或真实存在的问题的一种错误方式。它可以是对自己的不胜任感进行过度补偿的一种长期行为。当人相信自己足够好时，他们就不会感到有欺负别人的需要。但是，当人感觉自己不如别人时，他们会试图解决这个问题，而有时欺负别人就是他们采取的办法。鲁道夫·德雷克斯称之为："贬低别人，以夸大自己。"

"错误目的表"（见第4章）为理解恃强凌弱行为的目的提供了线索。有些欺负人的孩子是在寻求关注和认可。他们是在用自己的行为说：看着我。你不能忽视我。我是老大。我们将这种错误目的称为"寻求过度关注"。有些欺负人的孩子的目的是为了得到权力。他们是在用自己的行为说：看我多么有力量。我说了算，你们要按我说的做。我想干什么就干什么，你们阻止不了我。我们将这种错误目的的称为"寻求权力"。

另一些欺负人的孩子的目的是为了"扳平"，或者因为感觉受到了伤害而报复别人。这种错误目的称为"报复"。这种行为是在说：我受到了伤害，你要付出代价。我要让你和我感觉一样糟糕。这才公平。埃里克·哈里斯，哥伦拜恩中学枪击事件①的凶手之一，在他的日记中写道："如果人们能多给我一些赞扬，所有这些事情还是可以避免的。"②

最后，恃强凌弱还可能是让别人远离自己的一种方式，以便自己能独自呆着。这似乎很奇怪，但这种欺负人的孩子是想独自待着，而不期望有更好的行为。他或她可能会想：无论我怎么做，事情都不会变好，所以为什么还要努力呢？我们说多少次都不嫌多：一个行为不良的孩子是一个丧失信心的孩子。

关于恃强凌弱的3个常见错误观念

1. 如果孩子们没有看到过自己的父母（或老师）欺负人，并模仿他们所看到的，他们就永远学不会如何欺负人。

父母是孩子的第一榜样和权威人物，而老师是第二个。但是，我们需要记住，使我们成为什么样人的不是发生在我们身上和周围的事情，而是我们对这些事情所做出的决定。如果家里或学校里发生了攻击行为，有些看到这种事情的孩子可能会认定这就是行为的方式。其他孩子可能会做出完全不同的决定，走向一个相反的方向，决定永远不伤害别人或对别人做出暴力行为。

有些孩子通过媒体、仿效同龄人或加入团伙（为感到安全或

---

① 1999年4月20日，美国科罗拉多州杰佛逊郡哥伦拜恩中学（Columbine High School）发生校园枪击事件。两名青少年学生埃里克·哈里斯和迪伦·克莱伯德配备枪械和爆炸物进入校园，枪杀了12名学生和1名教师，造成其他24人受伤，两人最后自杀身亡。——作者注

② 引自2006年7月17日《新闻一周》，苏珊娜·麦多思的文章《他们心目中的谋杀：哥伦拜恩中学谋杀犯留下棘手的一连串线索》。——作者注

为融入一个群体）学会了欺负人。无论孩子们是如何开始的这种对他们似乎有某种作用的恃强凌弱行为，他们在任何经常做的事情上都会越来越擅长。因而，成年人必须教给孩子们能让他们以尊重的方式得到认可、力量、公正和技能的解决问题的其他方法。

2. 只要你处理了欺负人的孩子，就没问题了

像所有行为一样，恃强凌弱不是在真空中发生的。在一个恃强凌弱情形中，有一个欺负人的孩子、一个被欺负的孩子，通常还有一个旁观者。每个人都受到了影响并被牵扯其中，尽管方式不同。

在你看这一章时，你或许回想起了自己生活中出现的一次恃强凌弱情形。如果你还没有想出来，现在就用1分钟想一想。当你回忆起这种情形时，你是欺负人的人、被欺负的人，还是旁观者？你当时的想法、感受和决定是什么？你当时做了什么？你当时的希望是什么？没有人能在这种情形中置身事外——每个人都会受到影响，只是方式不同而已。

如果你是欺负别人的人，你当时打对方了吗？你是威胁、恐吓或者强迫对方吗？你是排挤或者羞辱他们吗？你是试图控制另一个人或者让他反对另一个人吗？你是从别人那里敲诈食物、金钱或关心吗？你是在背后说一个人的闲话吗？你是制造了一个人的谣言吗？你是决定要孤立或排挤一个人吗？

如果你是被欺负的，你是比欺负你的人弱小吗？你是不如对方受欢迎，不如对方有魅力吗？你的外形、宗教信仰或文化跟他们不同吗？你不合群吗？是什么让你成了他们的目标？你反击了吗？如果没有，为什么没有？你告诉别人了吗？如果没有，为什么没有？

如果你是旁观者，你庆幸自己没被欺负人的人挑中吗？你干

预了吗？跑开寻求帮助了吗？站出来反对恃强凌弱者了吗？告诉欺负人的人住手了吗？大笑了吗？站在欺负人的人一边了吗？听信谣言了吗？和欺负人的人一起传播流言蜚语了吗？参与孤立一个人了吗？

多年来，琳（本书作者之一）在从事心理咨询的过程中听到了无数仍然被恃强凌弱情形困扰的人们的故事，无论他们是受害者、加害者，还是旁观者。成年人在处理这些情形时，重要的是要让所有三方都有一个机会审视所发生的事情——最好是一起参加（后面会详细介绍）。

3. 成年人必须进行纠正

当出现打架或欺负人的行为时，很多家庭和学校工作人员的处理方式，是在无意中对孩子们进行"受害者－恃强凌弱者"的训练。这些成年人扮演法官、陪审员和行刑者的角色，认定是谁挑起的问题，并惩罚其中的一个孩子，或给这个孩子贴上"麻烦制造者"或"恃强凌弱者"的标签。成年人不可能看清或理解孩子们之间的全部事情，所以他们最终往往会选中个子最高的、年龄最大的或男孩子，给他或她贴上挑衅者的标签，并且维护那些他们相信是可怜的受害者的孩子。他们完全没注意到旁观者。我们经常看到那些被用这种方式处理的孩子们满腔的不公平感，并在之后以暴力和愤怒的行为爆发出来。他们感到被误解了，大人在找他们的麻烦，既不让他们说话，也不理解他们。

在正面管教中，我们让问题涉及到的每个人都参与问题的解决。实行这一理念的最佳方法，就是召开班会，但即使不召开班会，涉及到的所有人也可以由一个关爱他们并且不偏不倚的成年人将他们召集在一起，在一个安全的环境中把事情谈开。

这个世界的历史充斥着恃强凌弱者的故事，他们通过威胁和伤害他人来达到自己的目的。在正面管教中，我们是在改写这种历史，每次一个家庭，每次一个教室，每次一个学校，教授专注于尊重、理解、达成一致和寻找解决方案的办法，并期望和帮助涉及到的所有人参与问题的解决。在开班会时，我们听到了孩子们提出的帮助一个孩子感觉到归属感和自我价值感的各种方法（用头脑风暴想出表达友谊和关爱的一些方式），直到停止欺负人的行为。我们看到了旁观者承认他们没有阻止恃强凌弱情形，或者因为当时没有大胆地表态而感觉很糟糕。在用头脑风暴寻找解决方案的过程中，他们商定了一些在仗义执言阻止恃强凌弱行为时相互支持的办法。我们看到了孩子们与欺负人的孩子共情，通过角色扮演进入欺负人的孩子的内心世界，并提出了一些支持性的解决方案。

2012年，一位年长的校车司机被欺负的事件发生后，简·尼尔森在接受一家报社记者采访时说："传统的惩罚方式——冲孩子喊叫、羞辱、体罚、禁足等——都是事与愿违的。"她建议，"恃强凌弱者的父母用一个4步程序来消除自己的愤怒，要花时间和行为不良的孩子建立情感联结，找出不良行为背后的原因，然后帮助孩子从他们的错误中学习和成长"——包括做出弥补。[1] 当那些欺负校车司机的孩子们观看了自己所作所为的录像时，他们感到很尴尬。他们努力做出弥补，但对于很多成年人来说这还不够，他们想欺负这些欺负人的孩子，并使他们为自己的行为遭受更多的痛苦。

当简发现她自己的女儿参与了几个孩子向汽车砸桔子的事情时，她对这件事的处理方式也适用于恃强凌弱情形。她对女儿说："我很遗憾发生了这件事。给我说说吧。""你当时是什么感受？""你认为邻居会有什么感受？""如果你有一辆新车，而有人向车砸桔子，你会是什么感受？"这一系列提问导向了一个大问

---

[1] 2012年6月12日，《洛杉矶时报》的瑞尼·林奇撰文《家教专家讲：不要惩罚欺侮校车监管员的孩子们》引用了简·尼尔森的话，见 http://www.latimes.com/news/nation/nationnow/la-na-nn-dont-punish-kids-in-bullying-video-20120621,0,7205124.story。——作者注

题："你认为我们能做些什么来解决这个问题？"简的女儿完全靠自己得出了一个结论：她需要当面道歉，还要写一封道歉信，并且花一天时间亲手给邻居擦车。这些后果除了能制止这类事情再次发生之外，最终还能教给孩子为什么尊重别人是很重要的。

正面管教认为，成年人必须努力帮助向孩子们灌输个人责任感，并在那些做出不良行为的孩子们改正自己的行为并做出弥补时进行指导。

正面管教不容忍娇纵或溺爱；也不支持孩子们中的一种特权意识。但是，惩罚一个欺负人的孩子，而不理解或调查造成这种行为的根本原因，只会为以后产生更多这种行为提供沃土。

成年人能做什么

或许，对成年人来说，最重要的是要认真对待恃强凌弱行为，相信孩子说的是事实，以及孩子们需要帮助。很多欺凌行为都是背着成年人发生的。

首先，成年人应该警觉有人受到了欺负的迹象。一个学生不想去上学，或直到回家才上洗手间，或者要钱或偷钱或零食（为了给欺负人的孩子），或表现出身体症状，或者试图偷偷地把某种武器带到学校用于防身，都是表明受到欺负的信号。

其次，成年人的干预是很重要的。在发生欺凌情形时，不要只找欺负人的孩子、受害者或旁观者，要同等对待所有的孩子。要召开一次班会、一次全体学生集会、一次恢复正义圆圈会[①]，

[①] restorative justice circle，指的是将加害者、受害者、受到影响的群体召集到一起，明确加害者的行为造成的伤害，并确定如何修复这种伤害。讨论的问题集中于三个方面，即谁收到了伤害，他或她需要什么，谁应该满足他或她的需要。——译者注

或者由所有受害者、旁观者和欺凌者，以及他们的父母共同参加的会议。要确保每个人都发言，并得到倾听。要强调这是学校不能容忍的事情，并且一定有解决办法。要提醒孩子们，他们在学校里享有安全的权利。

要倾听涉及到的每个孩子，并且确保他们表达自己的看法。最好的解决方案通常都是由孩子们提出来的。不要低估孩子们的创造性和解决问题的能力，他们通常比成年人能更容易、更快地解决问题。

令人惊讶的是，简单的解决方案通常是最有效的，比如：提醒孩子们与朋友结伴同行，组建成年人志愿者巡逻小组，巡查学校走廊、洗手间和操场。有时候，只要有个成年人在场就能减少欺凌事件的发生。要帮助孩子们想出在遭到威胁或恐吓时的奇特反驳方式。尽管听上去也许很荒唐，但当小孩子们说"你说的就是你自己"时，恐吓通常就会停止。让一个欺负人的孩子和同学一起玩球、分享一块三明治或者交个朋友，就能创造奇迹。

要鼓励孩子们将恃强凌弱事件放到班会议程上。如果他们不想指名道姓，可以写一个概括性的议题，比如"操场上的残忍行为"或"偷了我的午餐"。即使不指名道姓，也很容易想出解决方案。在有些情形中，不理会欺负人的孩子也很有效，也就是不让他的风吹到你的帆。在班会上专注于解决问题，对欺负人的孩子会有很好的效果。有些欺负人的孩子为挽回面子，会说他们没有意识到自己在伤害别人——或者说他们只是在开玩笑。但是，他们似乎能感觉到那些分享自己对待欺凌事件的想法的同学的力量，并且常常会受到激励做出改变——尤其是当他们有机会选择解决方案的时候。

确保你的十几岁孩子参与几个不同的群体，是极其有帮助的，包括在学校里和学校外，以便他们总有归属的地方。如果学校里的朋友们决定与你的孩子做对，鼓励孩子参加体育运动、舞蹈、武术、业余爱好、戏剧等等活动，会让孩子拥有不同圈子的朋友。当学校里的朋友与他们做对时，孩子知道自己有另一个群体可以依靠是一种很好的安慰。

当心：有时不是恃强凌弱

成年人往往过分热心地"阻止"问题的发生。他们可能会将一些实际上只是某个年龄段的典型行为贴上"欺负人"的标签。幼儿园的孩子们嘲笑别的小朋友说"你不能来我的生日派对"是很正常的。我们听说过6岁的孩子因为"性骚扰"或在操场上假装打架而被停课。这些情况既不是恃强凌弱，也不是性骚扰。小孩子们经常会试验他们听到的（从电视或成年人那里）但却不真正理解的行为。然而，这类事件仍然是让孩子们知道他们的行为会对别人产生影响，以及他们可以用恰当的社交技能来替代不尊重行为的一些机会。这些行为可以放到班会议程上，以便即使小孩子们也能开始讨论他们的行为如何会伤害别人——并用头脑风暴想出解决方案。这些孩子需要的是技能，而不是标签。

我们鼓励所有的老师跟各个年龄的学生都做一个叫作"查理"的活动。这是一个简单易行并易于理解的活动（是由苏姗娜·史密莎设计的，她是一位心理咨询教师和正面管教注册导师）。一旦你和你的学生们做了这个活动，你们就可以在出现难题时将之作为参照。

活动：查理

目的

帮助学生们看到粗鲁的行为和话语所造成的结果，意识到伤害可以得到好转，但无法完全修复

步骤

1. 在一张大厚纸上画一个人形轮廓。告诉你的学生们，这个人的名字叫"查理"。

2. 让你的学生们说一些伤害过他们情感的话语或行为的例子。每当有人说出一种话语或行为时，就把画的一部分弄皱，直到最终揉成一团。

3. 问学生们认为查理是怎样的感受。他还想上学吗？班里有人曾有过这种感受吗？

4. 现在，问有谁可以做些什么或说些什么来帮助查理。当一个学生给出一个鼓励的例子时，就把查理的画像抚平一点，直到画像平整。要和学生们谈谈，即便有了鼓励，图画上仍然会留下一些褶皱。要让学生们在说话之前先想一想，知道说出去的话很难收回，并且"褶皱"会留存很长一段时间。

5. 将查理的画像挂在教室里作为一个提醒，当孩子们忘记相互尊重地对待时，就看看他褶皱的身体。如果一个学生哪一天过得很艰难，就问他是否度过了一个"查理日"，怎么才能帮助他感觉好起来，做得好一些。

正面管教始终致力于以一种非惩罚性的、尊重的和有效的方式提供解决冲动行为（包括恃强凌弱）的工具。在讨论恃强凌弱行为的班会上，学生们专注于一种非惩罚性的、以解决问题为目标的方式——寻求理解所发生的事情、什么原因导致的、每个人下一次可以怎么做来防止它再发生，以及在需要时如何做出弥补。

正面管教的实际应用

  我来自法国,刚刚接触正面管教,并且刚开始在我的学校里实行正面管教。我是从启发式问题开始的。课间休息时,当这群3~5岁的孩子们争吵时,我会问他们:"出了什么问题?"

  一天,一个4岁男孩毁坏了另一个孩子的沙堡。这两个孩子给我讲了发生的问题,我问他们解决这个问题的方法是什么?那个毁掉沙堡的孩子说,他可以帮助对方建一座新沙堡,然后他们就开始一起快乐地玩了起来。

  我还制作了一个选择轮。在我的班里,我们用头脑风暴想出了学生们在遇到问题或争吵时能做的事情。他们想出了很多主意,比如亲一下、拥抱、一起跳舞、告诉老师,但最好的主意是——胳肢。这是他们在吵架时首选的方法,而且总是很有效。我能想到这个方法吗?不可能!孩子们真有创造力,能想到那么多办法。这让我很佩服。

  有个孩子在学校里一天会打人40次。我教给了孩子们如何用头脑风暴想出解决方案,他们选出的一个方案是:告诉这个孩子,他们喜欢他。当天晚些时候,有个学生来找我,说:"纳丁,告诉他我们喜欢他的办法不是很管用。我们要再找一个解决办法。"我真高兴,孩子们知道,我们可以不断地寻找解决方案。我们又做了一次头脑风暴,想出了更多的办法来帮助这个学生。孩子们决定借给他一个很棒的玩具汽车——而这个方法奏效了!

纳丁·高丁　圣母学院老师

圣日耳曼昂莱　法国

正面管教的实际应用

　　我知道了与难以相处的学生建立情感联系有很多好处。我知道了，造成学生不良行为的部分因素是他们的自我价值感、他们对关注的寻求和他们对自我身份的找寻。那些觉得自己在学校内外不够聪明，或不被人爱的学生，就寻找其他方式凸显自己。学生们或许会感到在课堂上捣乱是他们获得老师和同龄人关注的唯一方式。他们寻找机会捣乱，认同自己就是这样的人，并认为正是这种事情才让他们在校园里为人所知。所有这些因素都是其他因素导致的。这全部基于学生对学校有多少信任，以及对老师有多少信任。通过与这些孩子一起努力，我让他们看到我不会离开，而且我能消除学生们接下来的偶然挑衅。我现在能够用一些可以每天都用在教室里的有效策略作出回应了。另一个好处是能赋予学生们力量。通过积极地改变学生们对权威的看法，并抛弃那种不能带来长期效果的教学方式，我将能够与学生们建立一种信任和强有力的关系。我还感到了自己被赋予了力量、更少的工作压力以及对我的学生的喜爱。

洛里贝思・劳丝　5年级老师
舒梅克小学
东佩恩学区　宾夕法尼亚州

第 10 章

摆脱家庭作业的困扰

如果一个孩子做得不好,随后就会出现一场拉锯战。老师会因为她在学生那里遇到的难题而指责学生的父母。她常常要求他们施加影响,以提高孩子们的学习成绩或改善行为。通常,她会把帮助孩子们学习,特别是家庭作业的责任交给父母们。老师的这种做法,在很大程度造成了学生家里的不愉快,并增强了孩子对学习的抵触。

——鲁道夫·德雷克斯

父母们和自己的孩子在与上学有关的事情上最大的争斗是什么?如果你猜是家庭作业,那你就猜对了。这种争斗从孩子第一次有家庭作业开始,持续存在于他们整个上学期间,并且常常在某种时刻还会恶化到需要一些极端的干预,比如心理治疗、请家庭老师、在学校和家里受到严厉的惩罚,甚至父母双方因为在如何处理这个问题上无法达成一致而离婚。

为什么家庭作业非得成为这种争斗呢?老师在给学生的父母

写信或便条时，并没有打算要伤害谁。没有人能挑剔下面这句有关家庭作业目的的话有什么错："家庭作业的目的是为了提高学生们的学习成绩；帮助学生们成为自我指导、独立的学习者，并养成良好的学习习惯。"像很多想法一样，这个想法听起来很好，但真的很好吗？

在现实中，尽管家庭作业的目的是帮助学生能够自我指导，但很多父母会事无巨细地管孩子的家庭作业。他们想为孩子做正确的事，并且不想和老师陷入麻烦。他们认为确保自己的孩子成功是他们的责任，并且当老师抱怨父母们没有承担起管孩子的家庭作业的责任时，这种信念会得到强化。

家庭作业没有培养学生的自我指导意识，而是教给很多孩子们，他们的作业和成绩对父母和老师们来说，比他们自身更重要。这让孩子们很伤心，所以他们可能选择让父母和老师也伤心（即便他们在这个过程中会伤害自己）——通过不在乎家庭作业，或者不经过权利之争和（或）报复循环就拒绝做家庭作业。有时候，父母们会惊愕地发现自己的孩子不交已经完成的家庭作业。显然，这些孩子是在证明：你无法强迫我。

使家庭作业更具挑战性的，是孩子们已经有不计其数的校外活动要忙了。父母们通常有全职或兼职工作，或者是需要同时兼顾各种责任的单亲父母。现在，人们认为父母和孩子还需要找出时间一起完成布置的家庭作业。如果家里有不止一个上学的孩子，情况会更糟。而且，如果各科老师们在布置家庭作业时相互之间不经过协调，有些孩子可能就会由六位老师布置需要长达六个小时才能完成的家庭作业。不仅如此，有些家庭作业如果没有父母的帮助，是没有哪个孩子能独立完成的。

老师们不仅极少与学生一起解决家庭作业问题，而且，他们总带着"我最清楚"的态度，将完成家庭作业作为通过一门课程的必要条件。有些孩子不用做作业就能轻松地通过考试，但他们仍然会因为不做家庭作业，而在一门功课上不及格或留级。

跟学生们谈谈，对于解决很多家庭作业的困境会大有帮助。作业的布置可以是老师和学生们共同解决问题的结果。讨论所有这些问题将成为班会的一个极好的主题。

很多家庭作业能丰富学习的过程，并且有些家庭作业的练习和重复是学生们取得学业成功所需要的。我们不是在建议任何人都禁止全部家庭作业，但是，我们认为老师们需要体谅到孩子们在教室之外的活动。有些孩子对于做家庭作业感到非常紧张，唯恐自己陷入麻烦或得不到高分，以至于他们都没有时间参加家庭活动。另一些学生出现了因为这种压力而造成的身体症状。在很多家庭中，家庭作业时间充满了权力之争、眼泪、威胁、拒绝做功课，甚至撒谎，比如"我今天晚上没有任何家庭作业"。当家庭作业的争斗成为主要焦点时，学习的乐趣就丧失了。

在2012年的法国，一群老师和父母呼吁对家庭作业进行为期两周的抵制，据他们说，这是因为："家庭作业无用、无聊，并且会强化学生之间的不平等。"他们进一步抗议说，家庭作业现在成了父母而不是孩子们的责任，其结果是两者在家里无休止的争吵。他们建议，如果学生们需要做额外的功课或练习，就应该在学校里完成，而不是在家里。[1]

有一个家庭，儿子在一所大学预科私立学校上学，他的父母说，一开学，学校就给家里写来一个便条，要求父母不要干预孩子的学校作业。他们鼓励父母们后退一步，让孩子们想明白如何做作业。他们承诺，老师们会处理孩子们未完成的家庭作业，并会和他们一起鼓励孩子们承担责任。学生们的父母发现很难放手，但学校继续鼓励他们，说这对孩子们来说是有益的锻炼，并

---

[1] 2012年3月28日，法新社文章《法国家长抵制"无用的"家庭作业》，见http：//www.mid-day.com/news/2012/mar/280312-French-parents-boycott-useless-homework.htm。——作者注

且他们正在培养自我指导的技能和责任感。这种新方法用了6个月时间才真正发挥作用，因为无论父母还是孩子们的老习惯都太根深蒂固了。但是，与家庭作业有关的压力在这个家庭中最终消失了，并且，他们的儿子学会了为自己的功课承担全部责任。

在另一个家庭里，一个妈妈写道，她的儿子开始上网上学校，而不是去学校。他在白天就能完成自己的全部功课，并且能快乐地参与课外活动，与朋友和家人在一起，而不再有家庭作业的压力和争吵。这与他以前体验到的家庭作业的烦恼相比，是一种巨大的变化——尤其是他的父母被老师要求参与进来时。

借父母之手

借父母之手，通常发生在家庭作业的争斗以及其他管教问题上。这种情况是这样发生的：一个孩子因为没有完成家庭作业而在学校里遇到了麻烦。老师建议学生的父母"管教"孩子，或者确保这个孩子因其在学校的不良行为而承担"后果"。这通常是父母们为孩子在学校已经受过惩罚的事情再次惩罚孩子的冠冕堂皇的说法。这就是借父母之手。想象一下，你作为老师，如果一个孩子的父母因为孩子没有打扫房间、不干家务或者没有遵守修剪草坪的承诺，而来找你，让你"管教"一下这个孩子或者让他承担"后果"，你会有什么感受。

这是一条双向道。老师将孩子们在学校的进步通知父母们，也是因为父母们想知道自己的孩子在学校做得怎么样。父母们不喜欢在收到孩子的报告单时有意想不到的事。在很多情况下，这种情形已经演变成了父母们每天在网站上查看自己孩子的表现（我们认识的一位父母每天查看3次）。很多父母是在以别人的名义——他们孩子的名义——再受一次教育。

借父母之手的前提，是认为一个孩子受到的惩罚越多，他或她就越会受到激励去做得更好。所有研究都表明惩罚不管用，但仍然有人固执地认为或许更多的惩罚会管用。不会管用的。学生们先是在学校受到羞辱和惩罚，然后是在家里。父母们会感觉受到了责备并且老师期待自己履行职责，以便他们的孩子表现更好。让孩子取得成功的责任又一次被放到了父母身上，而不是学生们身上。另外，父母与孩子的关系也会受到损害。

采用一种不同的方式，能够让父母们鼓励孩子。

老师可以简单地告知父母们，并强调老师和学生将在学校一起致力于解决这个问题，以提出一个家庭作业问题的令人满意的解决办法。老师甚至可以邀请父母们参与解决这个问题的过程，只要每个人都有平等的发言权，并且大人们不联合起来对付学生。有些老师会把家庭作业问题放到班会的议程上。当学生们能够参与并选择时，他们就会更好地执行。让孩子们决定哪三个晚上来做家庭作业，远比告诉他们一周将有三个晚上有家庭作业效果好得多。

另一个能够赋予学生们力量的选择是启发式问题。无论是父母还是老师都可以问孩子："你的目标是什么？良好的教育可以怎样帮助你实现你的目标？如果家庭作业是教育的必要条件，你怎样才能制订一个家庭作业的计划，以便能帮助你实现你的目标呢？"再说一次，当孩子们尊重地参与并且看到对自己的益处时，他们才更可能合作。

有些老师会根据每个学生的具体情况布置家庭作业。有些孩子需要更多的练习；有些孩子需要作业更有挑战性；还有些孩子会因为在突击测验中得了高分，而选择不用做家庭作业。

老师们还可以自己确定如果学生的家庭作业没有完成将采取什么办法。或许一个老师会采用"先此后彼"的方法——先完成

正面管教的实际应用

在我合作过的那些父母参与管理的学校中，正面管教的重要性绝对不能被低估。当你遇到作为家长教师、校董会成员或校委会委员的成年人来到教室时，正面管教作为我们的公共语言就是有必要的。有一种理解（特别是在父母参与管理的学校中）认为，孩子们很轻松，难的是父母们。我一直都能看到当我们没有共同的积极语言时，很多事情就会出岔子。学校的整个运作不仅包括老师和学生，而且包括家庭，因为他们是学校运转不可分割的一部分。

正面管教的两项重要原则——花时间训练并教给成年人怎么做，以及将我们每月的父母课堂当作成年人的班会，已经为我们创造了一种与学生们相类似的学习环境。父母们能够真正感受到他们的孩子在教室里的体验。在学校里创造一种正面管教的氛围，只是我们的第一步。为成年人提供持续的父母课堂，并且还要确保学生的父母感觉到自己能够帮助，能够作贡献和参与，大家真正需要他们帮助所有学生创建一种积极的学习氛围，就像学生在学校里受到的教育一样，是第二步关键内容。

借助父母的参与，我们已经为因资金短缺和人员匮乏而产生的困扰传统学校的大多数难题，都找到了解决办法。我们的"父母力量"是具有创造力、充满热情，并始终如一的——我们专注于解决问题和寻找做事情的方法。不可避免地，正面管教的精神会继续渗透到他们的家庭生活中。学生的整个世界都变得更美好，校园的整体文化氛围也得到了同样改善。

凯茜·卡瓦卡米　正面管教认证导师
圣何塞　美国加利福尼亚州

家庭作业，然后是自由时间。或者，老师可以建议在学校办一个"家庭作业俱乐部"，孩子们可以在那里做作业，并且在需要的时候得到帮助。有些老师在自己的教室里设立一个家庭作业角，孩子们可以在家庭作业上相互帮助。还有一些老师建议与高年级的学生们结成家庭作业伙伴。

一个15岁的女孩说，她的老师建议她和另一个学生为准备期末考试一起学习。她说她自己不会想到让别人和她一起学习，因为她会感觉不舒服。这两个女孩在学习上相互帮助，最终取得的成绩都比不这样做要好。

学生、老师和父母们不是必须为取得优异的学习成绩而遭受痛苦。当归属感和自我价值感被视为与优异的学习成绩同等重要时，每个人都会从中受益。当相关各方都相互尊重并一起解决问题时，学生们会做得更好。当家庭作业的责任明确地由孩子来承担时，才会有真正的学习。期待孩子们承担责任，而不是期待他们的父母逼着他们承担责任，会造就有能力的年轻人。这并不是说父母们和老师不能帮助孩子们在家庭作业上取得成功。当着眼于帮助那些自我帮助的孩子时，每个人就都会赢。

第 11 章

班会的 8 项技能（上）

> 如果人知道如何将自己的知识用于全人类的利益，我们就会到达天堂。
>
> ——鲁道夫·德雷克斯

班会在很多老师中，也包括正面管教老师，一直是有争议的。争论中的一方是那些刚刚开第一次班会，就在这次班会上将正面管教的概念和技能一步一步地介绍并教给孩子们的老师。争论中的另一方，是那些相信在一个老师花时间做好准备，先在班里将正面管教技能教给学生并加以运用之后，班会才会取得最好效果的老师[1]。只有到那时，他们才会启动班会。

有些老师认为班会太复杂、浪费时间，或者没有必要。另一

---

[1] 特里萨·拉萨拉、乔迪·麦克维迪和芬珊娜·史密莎合著的《学校和教室里的正面管教教师指南：学生们的活动》，见 www.positivediscipline.org，介绍了很多在教室里教授正面管教技能的活动。——作者注

些老师则相信，从长期来看，班会节省了他们的时间，并且是帮助孩子们学会在学业和人生中取得成功所需要的技能的最佳方式。

当然，我们是偏爱班会的，因为我们知道，当孩子们学会这些技能并有机会每天运用时，他们会成为出色的给予鼓励和解决问题的人。如果不是从那么多老师那里听到他们体验到的班会的益处，我们也许早就放弃对班会的这种偏爱了。

下面这些例子表明了班会的力量。弗兰克·米德尔，是萨克拉门托学区的一所小学的老师，这所学校的校园暴力很严重，以至于校工不得不定期清理血迹。肆意破坏公共财产的行为很盛行，以至于每周都要给地方治安官员打电话。弗兰克承认自己每个星期天下午大约1点钟左右都会胃痛，因为他害怕星期一早上回到教室。当弗兰克决定尝试开班会时，他更多感到的是孤注一掷，而不是满怀希望。他很怀疑自己那些捣乱的学生能够学会合作和解决问题的技能，但他很高兴事实证明自己错了。

弗兰克让我们知道了建立班会的秩序和规则，以便学生们能够自由地以尊重的方式参与，有多么重要。他很擅长和善与坚定并行。一开始，弗兰克是指定学生们围成圆圈时的座位，以便把那些挨着坐会出问题的孩子隔开。然后，他花时间教给他们开班会的技能。

在弗兰克开始召开班会的这一年，他的校长意识到，尽管这一年全校有61起因打架而停课的事件，但没有一个学生是弗兰克班里的。她还注意到，弗兰克的学生出勤率提高了，学习成绩也正在改善。她在参加弗兰克班级的一次班会时，认识到了班会是一个多么好的预防工具。她让弗兰克向学校全体老师演示了如何开班会。

在接下来的一年，1~6年级的每位老师每周都至少召开4次班会。加州州立大学萨克拉门托分校的安·普莱特在她的硕士论文中写道：该年，这所学校因打架而停课的事件由上一年的61起减少到只有4起；毁坏公物事件由上一年的24起减少到了只有2起。[①]

在另一个例子中，一所学校的学生们有在墙上乱涂乱写的严重问题，学校要不断地雇油漆工重新粉刷墙壁。每次墙壁被重新刷好后，孩子们就又在上面乱写乱画。一位老师建议，问问学生们有什么主意解决这个问题。学生们决定，当那些孩子被抓到在墙上乱写乱画时，由另外一个学生监督他们重新粉刷墙壁。毫不奇怪，乱写乱画的问题消失了。

这些老师只是很多通过开班会体验到巨大成功的老师中的少数几个。如果一个老师愿意教给学生们很多有价值的技能，这个老师的工作往往会变得更容易，并且更有趣。帮助学生们体验到归属感和自我价值感，是一个老师所能做的最有力量的事情。班会是教给学生们知道他们的关切和贡献是有价值的，并且他们有能力通过参与带来变化并感受到自己是班级的主人的最重要、最有效的方式之一。

尽管有时候开始开班会可能会遇到挑战，但我们鼓励你这样做。花时间训练，是取得成功的最可靠途径。熟练掌握本章和第12章所介绍的班会的8项技能，将有助于学生们积极地参与。你一直在教给你的学生们解决问题、社会兴趣、相互尊重、鼓励和合作。所有这些技能在班会上都能得到加强和练习。

教学生们围成一个圆圈并将8项技能介绍给他们，可能需要二四次班会至两个月的时间。他们不可能在短短一两周内就学会社会和情感技能。他们需要日复一日地练习，就像他们为取得优异的学业成绩所需要做的一样。如果你逐步地介绍这些技能，学

[①] 安·罗德·普莱特，《班会在小学中的功效》，硕士论文，加州州立大学，1979。——作者注

生们就能对这些技能少一些不安,并且能每次练习几项。要从让你的学生知道他们将要学习哪些技能开始。

班会的 8 项技能
1. 围成一个圆圈
2. 进行致谢和感激
3. 尊重差异
4. 运用相互尊重的沟通技能
5. 专注于解决方案
6. 角色扮演和头脑风暴
7. 运用议程和班会程式
8. 理解并运用 4 个错误目的

技能 1：围成一个圆圈

有些老师不想麻烦地安排他们的学生围成一个圆圈。有些老师则相信,孩子们坐在桌子或课桌旁,就开不好班会。我们在很多教室里看到,在 60 秒或更少的时间内,学生们就将课桌和讲桌移到教室一侧,并把他们的椅子围成一个圆圈,然后又在同样的时间内将它们移回原位。学生们在完成这个简单任务的过程中相互之间的合作和学到的技能,是这个活动的一个好处。然而,最主要的好处在于,围坐成一圈造成了一种相互尊重的氛围,每个人都可以看到彼此并传递发言棒,以便每个学生都有机会发言或说"过"。有些学生经过一两次尝试就能掌握围成一个圆圈的技能。另外一些学生可能需要更长的时间。你的学生们或许已经能够熟练地围成一个圆圈了。如果不能,你可以用下面这个活动来让他们练习。

活动：围成一个圆圈

目的

造成一种相互尊重的民主氛围，使每个人都有平等的权利说话并得到倾听

说明

造成尊重氛围的一种理想方式，是把所有的椅子围成一个圆圈，前面不摆放任何桌子或课桌。这种安排会使每个人都能看到其他人。还会提醒学生们，班会是学校生活中一个不同寻常而特殊的部分。

步骤

1. 将上面的目的和说明用你自己的话告诉学生们。

2. 决定学生们是坐在地板上，还是椅子上。重要的是，你要和学生坐在同样高度的位置上。在告诉学生们将在哪里围成圆圈之后，要在黑板上写上下面3个词：**迅速、安静和安全**。

3. 问学生们对于如何迅速、安静、安全地围成圆圈有什么主意，并把他们的主意写在黑板上相应的三个词的下面。如果必须挪家具，要确保讨论怎样才能做到迅速、安静和安全。

4. 在学生们做过头脑风暴之后，要问他们想出的主意中是否有不现实或不尊重别人而需要删除的。将这些主意划掉，然后，问有多少学生愿意遵守保留下来的指导原则。

5. 让学生们猜猜，用这些指导原则围成圆圈需要多少时间。将几种猜测写在黑板上。让一名志愿者用带秒针的表计时。

6. 让学生们按他们的计划实施，看看围成圆圈需要多长时间。

7. 一旦围成圆圈后，要问他们："有谁发现怎样才能让我们下一次做得更好吗？"要鼓励学生们讨论整个过程。不知不觉中，他们就开始进行第一次讨论，这将为未来的班会确定基调。学生

们是在通过做来学习，而不是通过说教，因为你在允许他们参与。

8. 问学生们是否愿意将教室恢复原样，并看看能否缩短所用的时间。你可以轻松地退到一旁，欣赏一下学生们从做一件事情、讨论它以及再次尝试中能学到多少东西。有些老师会让自己的学生不断练习，直到他们能在60秒或更短的时间内围成圆圈。

替代方案1

这个活动的另一种替代方式，是跳过第3~6步，允许学生们在没有任何指导的情况下布置圆圈。采用这种方法，教室最终常常会被布置成很多不同的样子。例如，有个班用桌子摆成一个正方形，而学生们都坐在桌子上。另一个班学生们把桌子都摆在了教室的一角，用椅子围成了一个圆圈。还有个班把桌子和椅子都推到了教室后面，学生们围成一圈坐在了地板上。

替代方案2

有些孩子们需要更有秩序，特别是在开始的时候，所以，老师要制作一份座位表来指定学生们坐在圆圈中的位置。你是否这样做，由你自己决定。

说明

无论你选择哪种办法，都要让你的学生们发挥创造性。如果他们第一次尝试不成功，要讨论是什么原因，并让他们想出一些新的可能的方法。这是让孩子们认识到犯错误没关系并通过运用新信息再次尝试而从错误中学习的一个大好时机。

重要的是，所有的学生、助教和老师在继续下面的活动之前要坐在圆圈中。如果全班同学决定要在地板上坐成一个圆圈，老师就必须和学生们一起坐在地板上。

技能2：进行致谢和感激

在一种积极的气氛中开始开班会，对每个人的归属感和自我价值感都是一种真正的提升。学生和老师们都喜欢听到别人说他们的好事。由于大多数孩子（也包括一些成年人）不习惯于给予和接受致谢，我们建议用第一次班会（除非需要几次练习才能围成一个圆圈）教给他们怎么做。教给学生致谢的一种方法，是让他们想一次有人说了让他们对自己感觉很好的事情的情形。学生们可以轮流与大家分享这种例子。

然后，让他们想一些自己愿意向别人致谢的事情。要举一些例子。或许，他们愿意感谢一个同学借给他们一支铅笔或帮助他们完成了家庭作业。或许，他们想感谢和自己一起做游戏、散步或吃午饭的人。不用举很多例子，学生们就能领会，并能够想出他们要感激的事情。

初中的学生们似乎发现"致谢"和"感谢"要比"感激"更恰当。由于某些原因，这些词似乎让他们不那么难为情。下面是教给孩子们致谢的一个活动。

活动：进行致谢和感激

目的

在一种积极的气氛中开始开班会，并教给学生给予和接受致谢的重要生活技能

说明

一开始，学生们可能会感觉别扭，或者认为向别人致谢很傻。

如果你对这个过程有信心，并给他们机会练习，学生们的技能就会提高，教室里的良好感觉也会得到增强。

步骤

1. 向学生们解释，在他们还不习惯时，给予和接受致谢可能会让他们感觉很笨拙。可以用学骑自行车来类比。要问学生们，如果他们因为一开始感觉很笨拙就停下来，有多少人能学会骑自行车。

2. 给学生们举一些暗含讥讽的致谢的例子，或听上去像致谢但实际上并不真正很鼓舞人的话语的例子，会对他们有帮助。例如，说："我要感谢你和我分享你的糖果，因为你通常都很自私。"然后，问学生们："这个致谢错在哪儿？"

3. 花一些时间练习如何以一句简单的"谢谢你"来接受致谢，以便致谢的人知道自己的致谢被听到了。只要你问："当有人为你做了一件事情时，怎样做才是有礼貌的？"你的学生就会知道答案。

4. 让每个学生都想想自己做过的一件想得到致谢的事情。给学生们留出1~2分钟时间思考。问："有多少人能想到一些事情？"让想起来的学生举手。如果有的学生想不起任何事情，就问其他学生："有谁注意到小X为别人做过什么事情或取得了哪些进步，应该得到一个致谢？"直到每个人都想起一件事情。

5. 用一个发言棒、豆子袋，或者其他可以绕着圆圈传递的物品。要告诉你的学生们，当这件物品传给他们时，他们就要给大家说出自己想要因什么事情得到致谢。然后，他要把发言棒传给自己左手边的人，由这个人向他们致谢。比如，惠特尼说她希望有人因为她努力遵守发言次序而向她致谢。坐在她左边的同学扎克就要说："我要因为惠特尼努力遵守发言次序而向她致谢。"然后，惠特尼回应说："谢谢你。"之后，扎克在将发言棒传给左手边的同学之前，要说出自己想因为什么事情得到致谢。

6. 向学生们解释，他们最终会不用帮助也能轻松地找出值得致谢的事情。之后，致谢就会让人感觉更真诚了。这个活动只是为了帮助他们习惯于给予和接受致谢。

延伸：给予、得到致谢，或说"过"

1. 一旦学生们对给予和接受致谢感觉自在了，就要告诉他们将来可以给予、得到致谢或者说"过"。要解释："当你手里拿着发言棒时，你既可以向别人致谢，也可以要求别人向你致谢，然后从举手的那些同学中迅速选择一个，你也可以说'过'并把发言棒传递出去。也就是说，你可以给予、得到致谢或说'过'。"

2. 让学生们将发言棒绕着圆圈再传递一次，练习给予、得到或说"过"。说"过"的学生太多了？那就将选择限制为给予和得到致谢。

说明

我们已经见证过几个练习给予、得到和说"过"的班级。看着那些在需要别人向自己致谢时就要求一个致谢的学生们，真是令人难忘。更令人难忘的是学生们的回应——那么多学生举手，表示自己愿意向要求致谢的任何一个同学致谢，甚至那些在实行班会制度前没有得到良好对待的学生也是如此。

有效致谢的更多提示

有些时候，学生们太喜欢这种关注了，以至于他们会花很长时间选择别人来向自己致谢。如果出现这种情况，就把这个问题放到班会议程上，并让孩子们提出一个解决方案。他们通常都会有好主意，比如"只允许3秒钟"。当然，老师可以制定规则，但不如把问题交给孩子们那样有效。

一开始，孩子们会因为衣着或外表而相互致谢。要允许这种情况持续一段时间，直到孩子们看上去能轻松地进行这种致谢。然后，要让他们知道，他们已经为下一个层面的致谢做好准备了，并要教给他们，重要的是为别人所做的事情或取得的成绩而致谢，而不是其穿着或外表。你还可以教给学生们要具体一些。例如，如果一个学生说："我想要因为你和我做朋友而向你致谢。"就问："他做的什么事情表明他是你的朋友？"如果这个学生看上去被难住了，就举个例子，"我想因为你陪我走路上学而向你致谢。"如果有学生说"你是好人"，你可以帮助这个学生说得更具体一些，建议她说"你是个好人，因为＿＿＿"，或者让这个学生举出这个人所做的一些好事。

如果学生们很难想出该为什么事情致谢，就提醒他们如果让他们想出批评和贬低的话有多么容易。有位老师对他的学生们说："我们那么容易说一些负面的话，那么难说积极的话，这难道不是很可惜吗？如果我们的生活中有更多积极的东西，不是更美好吗？让我们坚持练习，直到能更容易说出积极的话。"

如果有人说出的致谢实际是一个批评，就问他或她是否愿意再试一次，或是否愿意请别人帮助将批评变为致谢。如果说出暗含讥讽的致谢的人想不出改变的办法，就问同学们有什么建议。这是在向孩子们示范帮助，而不是伤害。

一位小学老师通过建议学生们注意不要说出可能伤别人心的话，帮助她的学生学习致谢。学生们很容易理解这个概念，并且能够举出当有人"伤他们的心"时，他们是什么感受的例子。

一开始，学生们可能会感觉不自在，或者认为向别人致谢很傻。如果你坚持这些活动，以便学生们能练习，他们的技能就会提高，教室里的良好感觉也会增强。很多定期召开班会的老师告诉我们，当他们仅仅因为议程上没有任何需要解决的问题而取消班会时，学生们就会抱怨。学生们会建议："那么，我们至少可以致谢。"

有些老师反对说，这样练习致谢听上去不真诚。要记住，我们建议的这些活动是为了练习。随着学生们学会给予和接受致谢的技能，别扭的感觉就会消失，真诚就会取而代之。

有些学生和老师们每次都以致谢作为班会的开始；另外一些学生和老师们厌倦了这种开场，就采用其他的方式作为替代，比如，说说你最喜欢的业余爱好、你最喜欢学校的哪一点、你期待着的事情、你最喜欢的食物、你最喜欢的动物等等。

技能3：尊重差异

尽管了解差异（和尊重差异）是班会的8项技能之一，但它与沟通技能直接相关（见第6章）。当学生们学会理解并尊重差异时，他们将发现与别人进行有意义的沟通会更容易。

不理解个人逻辑，就不可能理解人的本质和行为。尽管听起来让人很惊讶，但没有哪两个人对同一件事情或同一个情形得出完全一样的结论。你有没有比较过你和自己的兄弟姐妹对小时候同一个情形的记忆，并对这种记忆有那么大的差异而感到震惊？这就是个人逻辑——我们对所发生的事情及其含义所得出的自己的独特结论。

很多成年人都声称自己理解每个人都是不同的，有不同的想法、不同的见解和不同的目标。但是，当涉及到他们自己对待孩子的行为时，老师们通常表现得就好像所有的孩子们都应该以完全相同的方式倾听他们，孩子们应该以完全相同的方式理解并接受老师的目标和所说的话，并且孩子们的行为举止也应该遵循完全相同的方式——乖乖地听话。

下面这个活动是鼓励学生们理解并尊重相互之间差异的一种有趣方式。（老师们或许想在教职员工会议上与其他老师尝试这个活动。这个活动不仅有趣，还能让他们对彼此有更多了解。）

活动：外面是丛林

目的

帮助学生们理解并不是每个人都是相同的或以相同方式思考的

通过认识每个人不同的长处来教给学生们形成一个团队的重要性

教具

一只狮子、一只老鹰、一只乌龟和一只变色龙的图片（你可以用填充动物玩具或写有这四种动物名称的纸来代替图片）

四张事先准备好的挂纸（每张的上部画一只动物，另外三只动物画在纸的下半部）

记号笔

步骤

1. 将4张挂图挂在教室的四个角落。在每张图旁边放一支记号笔。

2. 告诉你的学生们，你和他们要做个游戏，将帮助他们理解并不是每个人都是相同的或以相同方式思考的。游戏将表明至少有4种看待事物的不同方式。

3. 问学生们："你们有多少人有时会认为事情总是有非对即错的答案？你们有多少人认为看待事物只有一种方式？你们有多少人有时会不好意思举手提问，因为你认为除了你之外的每个人人都知道答案？"

4. 让学生们看4种动物的图片。问："如果你们可以做一天其中的一种动物，你想成为哪一种？"一旦学生们做出了决定，就把他们分成4组，每组代表一种动物。（如果有一种动物没有任何学生选择，就从其他组中请至少3名同学作为志愿者，为了进行这个活动而选择这种动物。如果他们很在意的话，稍后你就能让大家看到每种动物都有优点和缺点。）

为什么我们想成为狮子，	为什么我们想成为老鹰，
为什么我们不想成为	为什么我们不想成为

为什么我们想成为乌龟，	为什么我们想成为变色龙，
为什么我们不想成为	为什么我们不想成为

5. 让这4组学生站到各自选择的动物挂图旁。

6. 让每组选一个同学做记录，把本组同学喜欢这种动物的哪些特点都列出来（这些特点应该写在挂图的上半部分）。然后，让他们在其他动物下面（在挂图的下半部分）列出不选择这种动物的所有原因。

7. 将4张挂图并排挂在墙上。让每组的一个志愿者读出他们想成为这种动物的所有原因。然后，让每组的另一个志愿者读出其他组不想成为本组所选择的动物的所有原因。准备好听各组的大笑声和说法吧，要提醒学生们，在各组轮流一次后，他们都有机会分享自己的想法和观点。

8. 在各组都说出自己的原因后，让学生们讨论从这个活动中学到了什么。（他们的回答可能包括："人们看待事物的方式是不同的"、"一个人认为不好的事情，另一个人可能认为是好事"，或"每个人都有长处和不足"。）要通过指出任何品质都可能是积极或消极的，以及不是只有一种正确的方式，来继续这种讨论。

9. 讨论每种动物所代表的品质具有的优点。一旦你的学生们了解了沟通技能并尊重本章所介绍的个人逻辑，他们就会知道如何营造一种保证有效的班会所需的尊重的氛围。第4章介绍的行为的4种错误目的，会让学生们（和老师）对个人逻辑有更深入的了解。

技能4：运用相互尊重的沟通技能

在第6章，我们介绍了很多相互尊重的沟通技能和活动。你可以回顾那一章，如果你还没有做那些活动，就要用其中的一些活动来教给学生们沟通技能。或者，你可以在一次班会上教给学生们沟通技能，比如做一个好的倾听者、轮流发言和清楚地表达自己。

> **活动：做一名好的倾听者**
>
> 1. 让一名学生作为志愿者讲一次有趣的经历，比如最喜欢的一次假期。让其他学生挥舞自己的手，好像他们有话要说。
> 2. 让大家都停下来。让学生们和那个志愿者谈谈自己的感受。问大家有多少人发现挥舞着的手让人分心。
> 3. 接下来，让那个志愿者再讲，但是，这一次每个人都要运用良好的倾听技能。
> 4. 问志愿者这次经历的感受与刚才的有什么不同。问其他学生这次有什么感受，以及从中学到了什么。

每当学生们在班会上没有运用良好的倾听技能时，就问："你们有多少人认为我们在运用良好的倾听技能？有多少人认为没有？"学生们可以举手回答。通常，不需要再多说什么，问题就能自行得到纠正，因为学生们从启发式问题中会知道他们正在怎么做（见第124页）。

一开始，有些学生会比其他些学生需要更多的指导。指导可以采用启发式问题的形式："你们有多少人认为为让每个人都尊重地得到倾听，轮流发言很重要？你们有多少人愿意大家能相互帮助解决问题？你们有多少人认为我们能找到问题的解决方案，而不是运用惩罚和羞辱？"这种问而不是告诉学生们怎么做的方式，以及他们有机会举手表示同意，会让他们有一种参与感和归属感。

练习、练习、再练习

大多数老师都相信，沟通技能与学业技能同样重要，然而，很多老师却不给学生们提供锻炼这些技能的日常练习。班会给学

活动：轮流发言

目的

避免在讨论中或班会上由于不会倾听而出现问题

步骤

1. 选一个可以传递的物品，比如豆子袋、玩具话筒或发言棒。

2. 当一个学生拿着这个物品时，他或她可以说一句话、提出一个建议，或者说"过"并把物品传递下去。

说明

对于不爱说话或者害羞的学生来说，手里拿着一个具体的象征个人权力的物品，并让他们有机会选择在愿意说话时就说话，是很能赋予他们力量的。很多老师发现，对于有些学生来说，他们在班会上唯一说出自己的想法和主意的时刻，就是他们手里拿着此类物品的时候。

3. 将这个物品顺着圆圈传递两次。第 2 次传递会给那些不爱说话的学生一个机会，让他们在听了其他人的发言之后，思考自己想说什么。这还会让头脑风暴（见第 2 章）更有效，因为一个已经发过言的学生在听了别人的发言后，可能会想到另一个主意。这并不会像有些老师担心的那样花费太多的时间。

生们提供了经常练习有效沟通技能的机会。那些明白这个道理的老师们，会很乐意听到他们的学生在学校里运用他们的沟通技能。

· · ·

现在，你已经了解了班会 8 项技能中的一半。我们将在下一章介绍班会的其余 4 项技能。

正面管教的实际应用

在参加过为期两天的正面管教培训之后,去年我第一次运用学到的步骤召开了班会。看着学生们自己做出决定,并在教室里培养了领导才能,真是令人兴奋。我感觉到,通过这种方式,班里的每个人都找到了自己的位置。我注意到,那些学习成绩全年都没有得过 A 或 B 的学生们,在班里仍然感到很自信,而且他们能从别的同学那里得到帮助。这真的使班级成了一个集体,还使得每个班级都呈现出了自己的特色。

朱莉·吉尔伯特　西班牙语老师
圣拉蒙谷联合学区

第12章

班会的8项技能（下）

最关键的因素是分担责任，这是对提出来讨论的问题进行认真思考，并探索各种可供选择的方法的一个过程。分担责任的最好方式就是问："我们怎样才能解决这个问题？"

——鲁道夫·德雷克斯

下面4项班会技能，专注于解决问题的非惩罚性的方法。将这些技能教给学生们可能需要用几次班会的时间，但是，当你看到孩子们解决问题的能力变得有多么强时，花的这些时间就是值得的。

技能5：专注于解决方案

专注于解决方案而不是惩罚，其效果对我们来说已经如此明显，以至于当别人看不到这一点时，我们会很困惑。学生们在参与了下面这个活动后，通常会立即接受专注于解决方案的理念。

活动：解决方案与逻辑后果

目的

帮助老师和学生们看到专注于解决方案而不是后果的价值所在

说明

逻辑后果常常被滥用。太多的老师和学生试图通过把惩罚称为逻辑后果而将惩罚伪装起来。避免这个问题的一种方法，是专注于解决方案而不是后果。

步骤

1. 在一张纸的左上端写上标题"逻辑后果"。

2. 让学生们假设有两个同学因为迟到而被写到了班会议程上（你或许想关注小学生课间休息时的迟到，或高中生早晨上课时的迟到）。让大家用头脑风暴想出这个问题的逻辑后果。将他们的主意记录在"逻辑后果"标题下面。

3. 在大纸的右上端写上标题"解决方案"。让学生们忘掉逻辑后果，并用头脑风暴想出能帮助这两个学生解决按时上课问题的主意。把这些主意记在"解决方案"标题下面。

4. 讨论写下的这两个清单。它们有区别吗？其中一个看上去和感觉起来都像惩罚吗？一个更关注过去，而不是对未来有帮助吗？他们在为解决方案做头脑风暴时，感觉到的能量是否与为逻辑后果做头脑风暴时的不一样？

5. 让两个学生假装自己是迟到的学生，并让他们从两个清单中选择他们认为能帮助自己准时上课的方法。他们是从哪个清单中选择的？

6. 问学生们从这个活动中学到了什么。

下面是一个班级回答的例子。第一个清单是学生们为迟到的同学做头脑风暴想逻辑后果时列出来的。第二个清单是在让这些学生停止考虑后果,并专注于能帮助他们的同学在将来按时上课的解决方案后提出来的。

逻辑后果
- 让他俩把自己的名字写在黑板上。
- 让他俩放学后留校,迟到多长时间就留校多长时间。
- 减少他俩明天的课间休息时间,迟到几分钟就减少几分钟。
- 取消他俩明天的课间休息。
- 老师可以向他们大声吼叫。

解决方案
- 上课铃响的时候,可以有人拍拍他们两个的肩膀。
- 大家可以一起大声喊:"打铃啦!"
- 他们两个可以在靠近电铃的地方玩。
- 选一个好朋友提醒他们该进教室了。
- 他们可以注意看别人什么时候回教室。
- 把电铃调得声音更大一些。

教给学生们如何专注于解决方案的众多方法之一,就是提醒他们注意3R1H:相关、尊重、合理和有帮助(见第2章和第7章)。

有时候,信任这个过程并允许学生们犯错误是很重要的。他们应该努力进步,而不是追求完美。比如,有个班级决定,那些把椅子往后翘到只有两个后腿着地的学生,在班会余下的时间里要站在椅子后面。全班同学一致同意这是一个有帮助的解决方案。

然而,这个问题没过多久就又一次被写进了班会议程。他们认为,让有的人站着太妨碍其他同学了。他们还决定,看看讨论是否就足以解决这个问题。这个办法一定是见效了,因为学生们不再把自己的椅子往后翘了。

相信这个过程

当取消了惩罚,并且解决问题的替代方法既和善又坚定时,学生们就能学会尊重自己和他人,并且会受到激励去改变自己的行为,因为他们体验到了一种情感联结。他们得到了勇气、自信以及能帮助他们在社会中成功地生活的人生技能。

技能6:角色扮演和头脑风暴

在学过前面的5种班会技能之后,学生们已经准备好学习角色扮演和头脑风暴了。要选一个你认为能为练习这项技能提供机会的典型问题,比如插队或骂人。要提醒学生们,在这次班会上,学习角色扮演和头脑风暴技能要比实际解决问题更重要。

正面管教的实际应用

我想分享我的一位同事——贝内迪克特·阿米果的一个故事,她教的是7岁的孩子们。她的学生太吵闹,她花了很多精力努力让她的学生安静下来。在和我一起参加了一次正面管教的父母课堂后,贝内迪克特开始实行正面管教,并召开班会。她已经工作

18年了,她说,第一次召开班会那天是她执教生涯中最好的一天。那次班会的议题是,学生们怎么才能在教室里安静下来。贝内迪克特问学生们,当她告诉他们安静时,他们有什么感受。一个孩子说,他感觉想对她发脾气。她说她理解他和其他学生,然后,解释说他们可以自由地说,不会受到评判。最后,学生们决定让她在一张大纸上画一个大嘴,上面打一个大 X 号。如果他们太吵了,她要做的就是拿出这张图给他们看。贝内迪克特很钦佩学生们的主意,她说她自己绝不会想到画这样一张大嘴!!而且,它很管用!她一拿出这幅画,全班同学就会马上安静下来。

南迪·高丹
法国正面管教协会

角色扮演有三个主要好处:

1. 很好玩。大多数孩子都喜欢角色扮演,并且想一遍又一遍地做——特别是当他们扮演老师的时候。

2. 角色扮演能增进对问题的认识和理解。

3. 角色扮演能起到与冷静期相同的作用。随着孩子们开始开心地进行角色扮演,他们的愤怒就会减轻。

活动:角色扮演

目的

学习角色扮演,这是一项可以提高解决问题效率的技能

说明

角色扮演给了学生们一个站在他人角度,以增进对问题的理解的机会。它还能造成有助于学生们在做头脑风暴时更积极的愉悦的感觉。

步骤

1. 选择一个问题，比如插队、骂人或迟到。

2. 在开始角色扮演之前，要问有多少学生以前做过角色扮演。要指出，角色扮演就像演一场戏一样，学生们要假扮成参与解决问题的人。

3. 和学生们玩一个猜猜看的游戏，看他们能否猜出角色扮演的两个秘密准则是很好玩的。要说："我心里有角色扮演的两个秘密准则。谁想猜猜它们是什么？"学生们会做出各种猜测，比如"倾听"、"轮流"、"按老师说的做"以及"说话声音要柔和"。要认可孩子们的猜测，说："这都是好主意，我们都要用到。然而，我想的两个秘密准则，第一是夸张；第二是要好玩儿。"

学生们几乎永远都猜不到会有一个准则说他们必须要好玩儿。通过猜猜看游戏，学生们在解决问题的过程中会更投入，而你会了解他们的更多想法。对于年龄小的学生来说，你或许需要解释一下"夸张"的含义。

说明

由于有些学生已经成了我们社会的完美主义的受害者，你可能需要让他们别担心自己扮演的是否完美。要向学生解释，作为更快地说明生活体验的一种方式，如果角色扮演时行为夸张，每个人学到的都将更多。要提醒学生们，角色扮演是一个学习和相互帮助的机会，而不是对完美的一次测验。

4. 邀请学生们帮助你设置角色扮演的情形。要一起想象并描述足够详细的故事情节，以便每个人都知道如何角色扮演不同角色。为了让学生们想出更多细节，老师需要问下面这样一些问题：发生了什么？然后发生了什么事？遇到问题的这个人做了什么？其他人做了什么？每个人都说了什么？其他人都做了什么和说了什么？

5. 一旦问题被描述出来，就让学生们把他们自己想象成电影导演。让他们想出需要多少角色来表演这个场景。在黑板上列出所有角色。

6. 根据上面的描述，仔细检查一下每个角色的台词以及要表演的动作。让几个志愿者扮演各个角色。让那些在现实生活中有问题的学生（比如骂人的学生）扮演相反的角色（比如被骂的人），通常都会有很好的效果。或者，你可以选择让在现实生活中遇到问题的学生作为观众，观看其他同学做角色扮演。

7. 让做角色扮演的同学在大家围成的圆圈中表演，并要提醒他们不用担心表演得对不对。要让角色扮演在实际中遇到问题（比如骂人者）的学生先扮演对方（即被骂的人）。这会给学生们提供体验对方处境的机会。

说明

一次角色扮演不必持续很长时间。有些可能仅需一两分钟。做角色扮演的学生会很快进入自己扮演的角色，并产生同样的感受和认知。在做过一次扮演后，如果需要做出一些改变以使扮演更准确，就让学生们再演一次。大多数学生都喜爱角色扮演，有时候他们会恳求一次又一次地扮演一个场景。他们从来不会厌倦扮演老师，或者看着老师扮演一名学生。

8. 在角色扮演之后，问扮演者从自己扮演的角色中产生了什么想法、感受，学了到什么或做出了什么决定。

说明

让学生们在每次角色扮演后表达出他们的想法，以便他们能更深入地理解所发生的事情，是很重要的。例如，如果老师通过惩罚骂人的学生进行干预，这种做法可能会制止骂人行为，并似乎解决了问题。但是,那个扮演受到惩罚的学生扮演者可能会认定"我是个坏人",或者"我以后要扳平"。当你问学生们从角色扮演中学到了什么时,他们可能会意识到自己学到的是责备和挑毛病,而不是理解和解决问题。处理学生们的回应,能够帮助他们找到能带来有益的、具有长期效果的解决问题的办法。

有一天,两个9年级的女孩在学校餐厅里大吵了一架。一个女孩指责另一个女孩在排队买饭时推她;而另一个女孩否认自己这么做过。在午餐后回教室的路上,她们非常生气,那个被推的女孩威胁说放学后要"教训"另一个女孩,彻底解决这个问题。老师不确定该如何处理这起冲突。有人告诉过她在讨论问题之前要有一个冷静期,但是,她决定信任处理问题的过程,并召开一次临时班会。这次班会没有以致谢开场,她建议学生们角色扮演餐厅里发生的事情。她让看到当时情形的学生作为志愿者来描述当时的情形,以便能够角色扮演。

在听描述的过程中,学生们意识到,那个抱怨自己被推了的女孩指责错了。实际上,是她最好的朋友——当时站在被她指责的那个女孩的后面——推了她。

那个抱怨的女孩角色扮演了"推人者",被指责的女孩角色扮演了"被推者"。很快,教室里的每个人都大笑了起来,并决定不需要用头脑风暴来寻找解决方案了。

角色扮演能够帮助学生们和老师从一个新的视角看待一个情形。有时候,就像这件事一样,他们会看到其中的幽默。另一些时候,他们会看到一种情形表面上似乎很幽默,但实际上对每个人来说都并不好笑。在任何情况下,角色扮演都能提供有助于每个人看清事情全貌的信息。

在另一个例子中,一个女孩对一个在自助餐厅里朝她扔食物的男孩很生气。她把这件事写到了班会议程上。当学生们角色扮演这个情景时，他们都喜欢扮演扔食物的角色。随后，他们被问到了有什么想法、感受和决定。那个扮演扔食物的男孩说扔食物很好玩，并且他感觉很好，因为大家都注意到了他。那个扮演被扔食物的女孩，感到很生气、很尴尬，再也不想去自助餐厅了。那些角色扮演餐厅中旁观者的同学说，他们感觉既好玩又可怕。有些人害怕自己可能会陷入麻烦，并希望有个成年人能做些什么。那个扔食物的学生很惊讶自己让一些人感到害怕。

头脑风暴

在角色扮演过一起问题事件后，学生们应该做头脑风暴——在短时间内想出尽可能多的解决方案。在随后的头脑风暴活动中，你也许想用之前教学生们做角色扮演时的同一个情形。这样，学生们就能看到如何运用角色扮演中得到的信息来找到解决方案。对角色扮演者的感受和决定的理解，给学生们提供了在做头脑风暴时可以运用的有价值的信息。

活动：头脑风暴

目的
搜集解决问题的主意，并且不做评判和分析

说明
当学生们知道他们可以表达观点而不受评判时，在他们参与讨论时就可以自由地发表更多意见，而不是因为害怕出丑而采取谨慎态度。

步骤
1. 运用角色扮演过的情形（插队、骂人或迟到）。
2. 向学生们解释，头脑风暴是一个让他们在短时间内想出尽可能多的主意或解决方案的过程。要告诉他们，在做头脑风暴时，他们可以先想些傻傻的或不寻常的主意，以开启创意之泉。傻傻的主意常常会带来可行的主意。

3. 将学生们的主意写在黑板上或一张大纸上。在他们提出这些主意时，不要分析、讨论或批评这些主意。只需把它们写下来，即使那些不真正管用的主意也一样；这些主意只是建议。每个主意都是重要的，所以要把它们都记下来。

4. 当头脑风暴结束时，你就有了一个可能的解决方案的清单。关于如何对待这些主意，请见第188页的"选择一个解决方案"。

有些学生会运用头脑风暴的时间来出洋相或捣乱，以寻求过度关注。如果你把他们的主意写下来，不作评论也不带情绪，你就可以消除他们的企图。有一天，在做头脑风暴时，有个学生建议的一个解决方案是"冲他们大声吼"。老师没有理会这个建议，也没有将其写下来。这个学生把她的建议又说了一遍，然后用越来越大的声音不断地重复自己的建议，直到班会被扰乱。如果这位老师一开始就立刻写下这个建议，这个学生或许就不会这样做了。

在另一次头脑风暴过程中，有个学生建议把一个同学绑在他的课桌上。老师一个字也没说就把这个建议写了下来，然后就继续写下一个同学的建议了。这个学生看上去有点儿泄气，因为他的话没有像以往那样使他得到负面关注。

鲁道夫·德雷克斯将此称为"不让他们的风吹到你的帆"。很多人认为他真正的意思是说"不让你的风吹到他们的帆"，但是，这样想想看：学生们吹起了风（做出不良行为），试图鼓起你的帆（得到你的回应）。不让他们的风吹到你的帆，意味着你不作回应。当学生们得不到通常的回应时，不良行为常常就会停止。当头脑风暴结束后，其他学生会决定把那个建议从清单上删掉，因为它是不尊重的。

正面管教的实际应用

我教的是一个一、二年级的混合班。班会不断地向我显现着其神奇之处。尽管学生们往往会选择解决班会议程上的问题，但昨天我们班一个一年级的学生选择了让同学们对他提出的问题进行"讨论而不解决"。这个问题是与大孩子拿小孩子们的挖掘棍有关的。

在发言棒绕着圆圈传递的过程中，我真正感觉到了"讨论而不解决"的魔力。那个将该问题写进班会议程的学生，本来希望其他同学能做出一种报复式的反应，但是，其他学生解释了大孩子们的看法，以及他们需要用挖掘棍来建造他们的草皮城堡。然而，有一些学生提出，年龄大的学生垄断建造城堡的各种材料（干草、土块和棍子）是不公平的。学生们提出了各种可能的解决办法，包括一个孩子说年龄小的学生可以搭人梯去够放在树上的他们够不到的一根挖掘棍；另一个孩子建议去告诉大人。其他孩子警告说，报复可能不太管用，因为这会导致更多的问题。

我坐在那里听着学生们的发言，对那些年龄较小的孩子在操场上的感受有了更深入的理解。我对孩子们能这样彻底地讨论问题感到很震惊。他们提出了那么多原本我想说的观点。我非常高兴自己一直没有多说，而是主要促进他们的讨论。这次经历使我更加信任班会和我的学生们了。

埃德里安·加西亚，正面管教注册导师
圣克鲁斯，美国加利福尼亚州

一旦学生们完成头脑风暴，你就可以让他们将不尊重的建议从可能的解决方案清单中删除。另一种方法，是看看如果将所有的建议都保留下来会发生什么情况，因为学生们很少会（如果不是说从来不会的话）选择那些不尊重人的建议。学生们不可思议地擅长于选择那些最有帮助的建议。

选择一个解决方案

下面是学生们在角色扮演了"扔食物"的问题后，用头脑风暴想出的解决办法的一个清单：

1. 扔食物的男孩可以道歉。
2. 那个女孩可以把食物扔回去。
3. 老师可以告诉他们停止。
4. 可以把男孩送到校长办公室。
5. 女孩可以换一个地方坐。
6. 女孩可以向餐厅管理员投诉。
7. 女孩可以说："别再向我扔食物。"
8. 女孩可以对此置之不理。
9. 女孩可以戴一只棒球接球手的手套。

一个学生作为志愿者大声读出了所有这些建议。然后，老师让那个将问题放到班会议程上的学生选择她最喜欢的一个建议。她选择了第4个，即把那个男孩送到校长办公室。老师问她，这么做会对她有怎样的帮助："如果他陷入麻烦，会让你感觉好一些吗？"女孩想了想，然后问自己是否能改变主意。她选择了第一个建议，即让那个男孩道歉。老师问那个男孩，是愿意现在在班会上道歉，还是过一会儿私下道歉。他同意现在道歉，并且这样做了。然后，老师问这个男孩哪个建议对他最有帮助。他说道歉对他有帮助，因为他的本意不是要惹这个女孩生气。

这个例子表明了班会的4个重要技巧：

1. 将建议大声读出来，或者让一个学生读出来。

2. 让那个把问题放到班会议程上的学生选择最有帮助的建议。如果问题还涉及到另一个学生，也要让这个学生选择他或她认为有帮助的一个建议。

3. 问事情所涉及的所有学生："这个建议会怎样帮助你、全班同学或对方？"

4. 允许学生选择执行自己所选定的建议的具体时间（或日期）。

正面管教的实际应用

一个学前班尝试用班会解决添置玩具车的问题。但是，当老师解释说在预算中没有足够的钱用来买新设备时，问题的解决就进行不下去了。老师们向我寻求帮助。我查看了预算，并回到这个班告诉了他们可以用来购买设备的金额。我还放了一本有12～15页玩具车介绍的产品目录。老师把产品目录放在了一个自由活动区，孩子们仔细研究了好几天，最终选择了他们想为操场添置的东西（老师帮助孩子们做了核算，以确保不超出预算）。孩子们对于由自己决定了如何花这笔钱感觉那么自豪，感觉自己那么有能力、那么有帮助。

黛娜·艾默瑟
正面管教协会注册导师

无论选择哪个解决方案，都应该至少试行一个星期。如果这个方案不管用，任何人都可以把这个问题再写进班会议程。

有些老师担心这种方法会让学生的不良行为得不到处理，但我们鼓励这些老师信任这个过程。通常情况下，学生的不良行为会停止。而且，难道这不比让学生为他们过去的不慎言行付出代价更重要吗？

不良行为之所以会停止，有以下几个原因：

1. 一次尊重的讨论，可以让学生们更了解自己的行为如何影响了别人。

2. 学生们没有像通常那样得到寻求过度关注、赢得权力之争或实施报复的回报。不管你信不信，那些想得到这些回报的学生对它们是如此看重，以至于惩罚对他们来说只是一个很小的代价。

3. 做出不良行为的学生，在得到老师和同龄人的尊重对待后，会感觉到归属感和自我价值感。通常，这就足以改变当初激发这些不良行为的信念。

4. 当其他学生努力创造一种相互尊重的氛围时，就会产生积极的同龄人压力。

投票选择解决方案

当讨论的问题涉及全班同学时，比如他们想办哪种派对，或者最喜欢以哪种方式处理课间休息、排队、餐厅等等问题，投票就是选择解决方案的一种恰当方式。在大多数情况下，更好的办法是全班同学达成一致，以增进合作并创造一种共赢的环境。这时就不要投票，而要继续讨论（可能需要开几次班会），直到达成一致的解决方案。

允许学生们选择他们认为最有帮助的建议，会增强他们的责任感。问他们"这个建议对你、班级或对方会有什么样的帮助"会鼓励他们思考长期的结果。为寻找解决方案而进行的角色扮演和头脑风暴，是能增进学生们在班级里——以及将来与人相处中——的社会可接受行为的很有价值的社会和人生技能。

有时候，讨论就足够了

有时候，角色扮演和头脑风暴对于解决一个问题并不是必需的。不要低估学生们讨论的价值。讨论一个问题，给了学生们说出自己的观点、分享自己的感受和提出建议的机会。学生们在积极地参与相互尊重的讨论时，似乎要比听老师说教或同学之间相互指责能更好地倾听。他们说出的看法和建议可能会让你感觉既有趣又可气——他们说的常常是你说过的话，而当时被他们当成了耳旁风。你可以为此感到沮丧和不受重视，也可以选择庆幸学生们能相互倾听并得出了和你同样的结论——甚至更好的结论。

技能 7：运用议程和班会程式

要让你的学生们知道，你将设置一个笔记本，或一个剪贴板，或用黑板的一角，或一个议程箱来让他们写下班会议程上的议题。这是你们可以在班会上讨论的问题或事项。全班同学都要参与寻找有益的解决方案的过程，并选出他们认为最有帮助的一个。

如果一个学生来找你投诉班里的另一个同学，你要说："这是我们可以在班会上讨论的事情，除非你看到了对你有用的其他解决方案。如果你愿意在班会上提出这件事，请你把它写到班会议程上，好吗？"这种方式有两个作用：一是节约时间（你不必处理每个问题）；二是给学生们提供在班会上解决的真实问题。

在班会上，只应处理那些事先被写进班会议程的事项。这会给需要讨论的问题留出一段冷静期。而且，问题已经写进了班会议程这件事本身，就能有效地给孩子们带来一些满足感，直到在班会上得到处理。

老师们刚开始开班会时，有时会选择使用鞋盒来收集班会议题。匿名有助于减少报复的问题，因为没有人能在班会议题上看到自己的名字。有些老师会用几种不同颜色的纸让孩子们写议题，周一用绿色，周二用蓝色，周三用黄色，等等，以便在班会上能按照时间先后来处理问题。

时间久了，学生们会完全理解班会的目的是为了帮助他们，而不是伤害他们或让他们陷入麻烦。要让学生们知道，一个人的名字出现在班会议程上并不意味着他或她会有麻烦。最终，学生们会理解，让自己的名字出现在班会议程上是一次很好的经历。他们就不会介意自己的名字出现在大家都能看到的班会议程上，比如一个笔记本上。

有些老师让学生在把问题写到班会议程上时不写名字，以便努力找到普遍适用的解决方案。这样做在一开始是很好的。然而，学生们很快就会知道他们不会因为出现了问题而陷入麻烦，并且会知道每个问题都是学习和相互帮助的一个好机会。这会增强责任感。

学生和老师可以在一天中的任何时候写下他们的议题。如果学生们因为写议题而围成一堆并耽误很长时间，以至于干扰了其他事情，就要把这个问题（由写议程造成的混乱）放到班会议程上。在班会上，让学生们决定写议程的具体时间，比如课间休息或午餐时间离开教室之前。

一位老师抱怨她的"特殊教育班"的学生们总是等不及问题得到解决。她的很多学生在课间休息后浮躁地走进教室,并且需要立刻得到关注才能平静下来。她尝试了让孩子们在课间休息后返回教室时把问题写到班会议程上。之后,她说,看着孩子们跺着脚走到记录班会议程的笔记本前气冲冲地草草写下他们的问题,然后心满意足而平静地离开,真是太好玩了。班会议程让他们立刻有了满足感,因为他们知道自己的问题在班会上会得到讨论。

简(本书作者之一简·尼尔森)做小学心理咨询老师的时候,老师们常常称她为"坏了的唱片",因为当他们问她如何解决一个问题的时候,她常常会说:"写到班会议程上,让孩子们想出一个解决方案"——而且,孩子们通常都能做到。

将一个问题写到班会议程上,常常会使这个问题在班会上被提出之前就开始了解决的过程。到开班会时,学生们常常会说:"这个问题已经解决了。"如果合适的话,要问他们是否愿意说说问题是怎么解决的。

班会程式

在让你的学生们了解班会议程之后,要将班会程式作为一种把他们学过的全部技能有条理地组织在一起的方式介绍给他们。可以把班会程式写在一张大纸上,挂在教室里的醒目位置。

班会程式
1. 致谢和感激
2. 跟踪原来方案的效果
3. 议程上的事项——从下面几项内容中选择一项

  A. 将自己的感受告诉大家
  B. 讨论问题而不解决
  C. 寻求解决问题的帮助
4. 未来的计划（野外旅行、派对、课题）

1. 致谢和感激

到这时，学生们已经学会了这项技能。要像第 166 页介绍的那样将发言棒绕圆圈传递。

2. 跟踪原来方案的效果

给学生们几分钟时间，让他们说说之前的解决方案效果如何。有时候，可能会有一个学生说那个办法不管用。这并不是再次解决这个问题的时候。要问这个学生，他或她是否愿意把这个问题放到班会议程上，或者尝试另一种解决问题的办法，比如选择轮、和平桌，或解决问题的 4 个步骤。

3. 议程上的事项

当议程上的一个议题（根据议程所记录的次序）提出来时，给学生们一个选择是有帮助的。他们是否愿意：1）将自己的感受告诉大家，2）讨论问题而不解决，3）请求帮助解决问题？他们通常会选择第 3 项，但是，对他们来说，知道有时候仅仅因为别人了解了你的感受，或者经过讨论有了更多了解，问题就能得到自动解决，是有好处的。

  一位 8 年级的老师每天只有 45 分钟的上课时间和她的学生们在一起。然而，她相信班会非常重要，以至于在她每次上课时的最后 10 分钟都用来开班会。她采取一天致谢、另一天解决问题的交替方式，因为 10 分钟时间不够进行两项活动。

  学生们嚼牙签，让这个老师很恼火。她试过长篇大论的说教、斥责和恳求，但他们还是继续嚼牙签。最后，她把这个问题放到了班会议程上。当轮到她发言时，她请求帮助解决问题。她说："我知道这对你们来说不是一个问题，否则你们就不会这样做了。但是，这对我来说是个问题，我真的很感激你们的帮助。"在第一天的10分钟，他们没有想出解决方案，第二天的班会上仍然没有。在第三天的班会上（他们为解决这个问题，省掉了致谢），有个学生说："你这两天看到有人嚼牙签吗？"这个老师想了想，不得不承认："没有，我没看见。"这个学生聪明地暗示："那么，这个问题或许已经解决了。"这位老师只能说："谢谢大家。我真的很感激你们的帮助。"

在这个案例中，尽管这位老师请求帮助解决问题，但结果证明讨论就足够了。当然，她申明这个问题是她的，而不是因为这是"他们"的问题斥责他们，这种做法没有使学生受到伤害。

4. 未来的计划（实地考察、派对、课题）

孩子们越多地参与计划，事情进展就会越顺利。要用发言棒绕圆圈传递两次，让孩子们说出他们的想法和感受。要向学生们讲清楚学校对于课外活动的要求，包括监护人、活动所允许的时间和次数，以及任何其他要求。

技能8：理解并运用4个错误目的

大多数学生很快就能理解4个错误目的，并且会因为理解了自己和别人而感到如释重负。如果你已经运用第4章第65页的活动将4个错误目的和鼓励方法教给了你的学生们，他们就可能想在角色扮演之后找出错误目的。有些学校将"错误目的表"贴在每间教室里,孩子们能够识别同学的沮丧心情,并迅速推荐一个方法来鼓励这个同学。

· · ·

你和你的学生们现在已经学习了全部的 8 项班会技能。你可能已经每天都在运用其中的很多技能了,并且体验到了这些社会和情感技能对提升生活品质——以及学业成绩——所具有的价值。

第 13 章

关于班会的问答

> 犯错误是不可避免的，而且，在大多数情况下，一个人在犯错误之后怎么做，要比错误本身更重要。
>
> ——鲁道夫·德雷克斯

在经历班会的过程中，你会遇到很多问题。下面是对数以百计的老师最常问的一些问题的回答。有些问题是小学老师提出来的，有些是初中和高中老师提出来的。尽管不同年龄的学生成长阶段不同，但仍有很多相似之处。各个年级的老师都会从这些回答中找到解决问题的创意。要留意这些回问答中所蕴含的相互尊重和赋予学生力量的基本原则。倾听建立在尊严和尊重基础上的解决办法，将激发你赋予学生——和自己——力量的创造力。

小学老师经常提出的问题

问：我该如何避免让学生在班会上受到羞辱？

答：重要的是，要引导学生们远离可能给其他学生造成羞辱或伤害的建议。问下面几个问题会有帮助：

- 这会对他或她有怎样的帮助？
- 如果将这个建议用在你身上，你会有什么感受？
- 这个建议是侮辱，还是尊重的？
- 这是在惩罚过去的行为，还是在鼓励将来行为的改变？
- 这个解决方案是相关、尊重和合理的吗？

你可以等到将所有建议都写下来之后，将建议的清单过一遍，并问学生们哪些建议因为是对人不尊重的、没有帮助的或无法实行而应该删掉。

通过让遇到问题的学生选择最有帮助的解决方案，就能避免羞辱和惩罚。有时候，学生们确实会为自己选择惩罚性的解决方案。为帮助他们摆脱这种惩罚的心态，你可以问："那能使你得到怎样的帮助和鼓励？"

避免羞辱的另一种方法是将问题一般化，或者以泛指来代替具体的人名或情形。比如，假设在班会上有一个学生指责另一个学生偷东西。这件事情可以通过问学生们下面这样的问题而将其一般化："我们可以怎样一般性地处理偷东西的问题，而不是寻求责备并试图将一个人逼入困境？"然后，用头脑风暴想出解决方案。

处理已经出现羞辱的情形的另一种方法，是问转移学生们的行为的问题："如果你们现在身处强尼的位置，有多少人觉得得到了帮助？有多少人觉得没有得到帮助？""你们有多少人会觉得同学们是在合起伙来对付你？有多少人觉得不是那样？"

一旦学生们理解了相互帮助而不是相互伤害或惩罚的精神，你需要用到一般化和转移行为方法的情形就会减少。

问：当学生们来寻求帮助时，你告诉他们把问题放到班会议程上，而不是立刻提供帮助，他们不会怨恨吗？

答：实际上，大多数学生正是通过把他们的问题写到班会议程上而立刻感到轻松了。有些学生确实会怨恨，因为他们习惯了从老师那里得到特殊关注。还有一些学生习惯了得到照顾，而不是参与到帮助的过程中。改变——即便是好的改变——并不总是很容易的。有些学生一开始可能会怨恨。但是，一旦他们在班会上体验到积极的关注和帮助——这通常要比他们从老师们那里得到的更有创造性——他们很可能会忘记自己的怨恨。

一个二年级的女孩向她的老师宾斯夫人投诉，在校车上坐在她后面的几个男生踢她的座椅。在宾斯夫人的建议下，这个女孩把问题放到了班会议程上，并在班会上向她的同学们寻求帮助。第一个建议非常简单："坐在他们后面。"一个较为复杂的有创意的建议是："上了校车后，把你的书放在一个座位上，然后坐在另一个座位上。当这几个男孩坐在你后面的时候，你可以挪到放书的那个座位上。"还有很多其他建议，但这个女孩选择了观察这几个男生坐在哪里，然后坐得离他们远远的。

问：应该允许一个学生在每次班会的议程上写多少问题？

答：将这个问题放到班会议程上，问问你的学生们。有位老师以前允许每个学生每天写 2~3 个问题，结果问题就没完没了啦。这位老师把这个问题放到了班会议程上，学生们确定了每人每天只能写一个问题的规则。这个问题再没出现过，因为他们讨论了这个问题，并作出了决定。

问：如果一个学生不选择解决方案，你该怎么办？

答：一种可行的方法，是问全班学生可否看看班会的讨论是否足以激励这个同学做出改变。如果讨论得还不够，遇到问题的学生可以把问题再写进班会议程，再尝试一次。

还有一种可行方法，是问那个不愿意选择的学生，是否愿意想一想，自己找出解决方案，第二天告诉大家。如果他看上去还是不愿意，就问他是否愿意选两个同学在课间休息时和他一起做头脑风暴。一旦学生们转变了想法，理解了班会不是惩罚，他们很少会不愿意选择一个真正有帮助的建议。一旦教给了学生们解决问题的技能，老师就需要显示出对学生们解决问题能力的坚定信任。

初中和高中老师经常提出的问题

问：当学生们在班会上挨着自己的朋友坐并且造成很多干扰时，把他们分开可以吗？

答：这是个经常出现的问题。伯克先生注意到，当他的学生们和朋友挨着坐在一起时，他们很难做到尊重别人。他尝试了说教。当这样做不管用时，他决定把他们分开。这些孩子的回应是对班会的完全敌对和抵触。

伯克先生决定把这个问题放到班会议程上。在一次班会上，他问了学生们下面这几个问题，并得到了下面这些回答。

1. 你们认为当朋友们挨着坐时，会出现什么问题？学生们用头脑风暴想出了可能出现的问题，比如聊天、咯咯地笑和传纸条。

2. 你们有什么建议来解决这些问题？学生们一致同意要尊重别人，这样他们才能享受和朋友坐在一起的特权。

3. 如果有人不遵守和朋友们坐在一起时要尊重别人的约定，相关、尊重和合理的解决方法是什么？学生们决定，在班会剩下的时间里把他们和朋友分开能解决这个问题。

可以想见，除非学生们参与解决问题的过程，否则任何方法都不会有效。尽管学生们得出的结论常常与老师试图强加给他们的完全一致，但结果是完全不同的。

问：六年级的学生是不是太小了，还不适合开班会？我们班的孩子们在开班会时很淘气，相互取笑，有时候就像小傻瓜。

答：从成长阶段来看，相对于成年人的影响来说，六年级的学生开始对同龄人的影响做出更多的回应。他们还想与自己的同学们保持一致，所以，如果开始做出负面行为，就可能很难停下来。

学生们有时在开班会时很淘气，是因为老师们在开始开班会之前没有教给学生们班会的技能。一位遇到困难的老师告诉她的学生们，她犯了一个错误，因为在没有教给他们更多技能的情况下就开始开班会了。在用了两个月时间练习围成圆圈、教给学生们基本技能和相互致谢之后，学生们才安静了下来，并且准备好运用解决问题的技能了。

问：如果学生们对相互致谢感觉别扭或尴尬，跳过这个环节可以吗？

答：我们认为，致谢过程是极其重要的，并且不是可有可无的。只要坚持下去，就能克服给予和接受致谢的尴尬阶段。然而，变通是可以的，只要班会的开场活动是积极的，并且能让学生们相互更加了解，以便他们能够开始向别人致谢。

另一种可行的方法，是问学生们一个关于他们的课外兴趣、特殊爱好或其他个人情况的问题。一位老师有一本很特别的书，内容是每日鼓舞人的格言。她在班会上把这本书传阅一圈，并让每个学生说说自己对当天那句格言的反应。

一位高中老师正在给一群有"书虫"和"最聪明"名声的学生上高等物理课。他告诉我们："如果你们所要做的就是致谢，班会就是值得的。你们需要做多久，就可以做多久。我这个班的孩子们得到了非常多的负面批评，以至于班会中的致谢环节是他们中一些人第一次在学校里听到有关自己的正面评价。"

问：有什么办法处理暗含讥讽的致谢吗？

答：处理暗含讥讽的致谢的一个简单办法就是说："哎哟，这是一个致谢，还是议程上的一项议题？"另一个有助于转移暗含讥讽的致谢的问题是："你能重新组织一下语言，直到它听上像是你自己愿意听的吗？"

问：我是一名辅导老师，上辅导课的孩子不多，时间也短。我没有时间开班会。

答：当你的班里出现问题时，你可以尝试两件事。一是让一个志愿同学把问题写到其本班的班会议程上，并将他们用头脑风暴想出的解决问题的建议告诉你。另一种可行的办法，是在出现问题时，开一个5分钟的班会。当学生和老师很熟悉班会程式时，在那些不能定期召开班会的特殊班级就可以开短班会了。然而，如果老师和学生对班会程式不熟悉，短班会就不会管用。

问：有时候，初中生和高中生在提出其他孩子的问题时，感觉自己像是在"告密"。我该怎样处理这个问题？

答：跟学生们谈谈班会为什么是停课和其他没有帮助的、惩罚性方法的一种替代，会很有帮助。要提醒学生们，在一个着重于指责和惩罚，而不是承担责任和解决问题的氛围中，感觉不愿意"告密"是很正常的。要问学生们："如果你知道大家会合起伙来对付你并试图强迫你，有多少人愿意自己的名字出现在班会议程上？"然后，问："如果你知道你将从同学们那里得到鼓励性和能赋予你力量的极其宝贵的建议，有多少人愿意自己的名字出现在班会议程上？"

问：我注意到，学生们对我们学校里那些不愿意开班会的老师们有很多抱怨。我怎么处理这种情况，而不让其他老师显得不好？

答：如果学生们抱怨那些不愿意和他们一起以尊重的方式解决问题的老师，那么帮助这些学生力所能及地承担起自己解决问题的责任是很重要的。要提醒他们，改变别人是不可能的；我们只能改变我们自己。如果那些老师愿意，你可以邀请他们作为嘉宾出席你的班会，来帮助解决一个问题。

对学校的全体教师进行班会培训并让他们了解自己的潜能，会很有帮助。要提醒老师们，人的成长需要学习，而学习不会是一帆风顺的。班会的最终目标是以尊重的方式讨论事情并解决问题。额外的好处是定期召开班会的班级管教问题会比较少，正面的激励会更多。老师们前期准备得越充分，他们在班会上就做得越好。

问：我真的需要班会议程吗？

答：是的。议程起着一种强有力的象征作用，表明全体学生在给予和得到鼓励和实际帮助的同时,都有机会说出他们担忧的事情。班会议程还提供了秩序和规则。在冲突发生的当时试图解决问题通常是没有效果的。班会议程给了学生们一个冷静期。议程还能让学生们不必事事都来找你。正如我们之前提到的,当出现问题时,就让学生们把问题放到班会议程上。

问:如果学生们选择了一个糟糕的解决方案,该怎么办?

答:如果全班一致同意了一个解决方案,而后来认识到这个方案不对,就在下次班会上将它提出来,并再找一个解决方案。在有些情况下,你可以说:"我不能接受这个办法。"最好要避免经常这样说。相反,要让孩子们通过尝试一天或一周的"坏"建议(如果这个建议没有给其他学生造成羞辱的话),并在之后发现这个建议不合理或不管用来学到东西。他们以这种方式能学到更多。另一种可能的方法,是角色扮演被选中的解决方案,并问做角色扮演的学生,在他们有机会实际体验之后,是否认为这个建议真的有帮助。

问:高中班级的班会议程上最常见的问题有哪些?

答:通常,高中班级的班会是用来解决老师和学生之间的问题的。学生们真的很重视有机会提出自己的想法并和老师一起寻找解决方案。班会议程上最常见的一些问题是:(1)座位安排,(2)周末的家庭作业,(3)推卸任务(老师们常提出这一条),(4)说话太多,(5)分小组活动后很难将注意力集中到老师那里,(6)浪费时间,(7)学生没有对别人表现出尊重。

具体的问题不是最重要的。问题提供了在一种能赋予学生们成为有成就、有贡献和快乐的世界公民所需要的勇气和信心的养育氛围中,培养解决问题技能的机会。记住这个长期的愿景,将有助于你避免因为班会的坎坷而感到沮丧。你们这周的班会可能很差劲，下周的班会可能很好。这不正是生活的真谛吗？还有什么更好的途径能教给孩子们对待自己生活的有效方式吗？

问答环节综述

下面是我们在北卡罗来纳州的夏洛特市为 500 名教师进行的一次全日制在职讲习班问答环节的部分摘录。作为这次讲习班的一部分，一年级老师珍尼丝·里特和四年级老师凯·罗杰斯回答了有关班会的问题。

主持人：今天，我请来了沙伦学校的两位老师。我想让他们谈一点他们的经历。

珍尼丝：去年，当我们开始开班会时，我的最初反应是："哦，这真是个好主意，但对一年级的孩子不会有用。"我认为他们甚至都想不出一个致谢，更不用说解决问题了。不管怎样我还是做了，并在开学第一周开始了开班会的过程。到 12 月的时候，我说："这是我作为老师以来发生的最棒的事情，对学生来说也是如此。"

我想说说我之所有喜欢运用班会的几个原因。首先，会有更多的孩子告诉你在你的教室里发生了什么事情。另外，孩子们有时候接受同龄人所说的事情，要远远好于接受你所说的同样的事情。孩子们相互之间能以一种孩子能接受的方式交流一些事情。成年人在这方面做得不是很好。我还喜欢孩子们由开班会培养出来的学业能力。

主持人：我希望你们都听到了。请再说一遍。

珍尼丝：学业能力。作为刚开始学写字的孩子，学生们喜欢往班会议程上写东西，这对他们的书写技能有帮助。我的班里有几个孩子整天说话的声音都很小，但当他们在班会上有事情要说时，就不一样了。或许我最喜欢班会的一个原因就是学生们行为的改善。

主持人：很多老师开始开班会都是为了帮助解决管教问题和改善行为。这是一个极其正当的理由。然而，行为改善只是一个附带的好处。主要的好处，是班会能教给孩子们——"七项重要的感知力和技能"（见第 1 章）。这是能帮助学生们改善他们的行为的基础——不仅是现在，而且会贯穿他们的一生。

凯：当我们学校的心理专家给了我一本《正面管教》，并希望我召开班会时，我的第一反应是："哦，不。这又是一套我不得不读的东西，并且它不会管用。"没有人比当时的我抱有更消极的态度。不管怎样，我决定还是试一下，一周后，我就接受了。

主持人：你没有受一整月的折磨？

凯（大笑着）：没有。在开过一星期的班会之后，情况就非常好了。班会给我带来的好处，就是为我处理那些会让老师们发疯的微不足道的小事。孩子们会找到我，说"有人打我"、"有人碰我"。我会说："把它放到班会议程上。"最初，正是这些让我觉得开班会是值得的。我们一直在开班会，并对之进行改革。我

关于班会的问答

有一个实习老师，正在将《罗伯特议事规则》①的理念引入到班会中。学生们不仅学到了解决问题的技能，还学到了有助于学生自治的技能。这是一个极大的附带好处，正如改善教室里的纪律一样。

主持人：我听说在你了解班会前的那一年，你经常因为学生们之间的问题行为而去向学校的心理专家求助。她告诉我，她后来再也没有听你说过有问题，而且当她问你是否需要什么帮助时，你告诉她你和孩子们正在一起解决问题。

凯：正是这样。

主持人：凯和珍尼丝现在将帮我回答一些由各个学校的老师交上来的问题。

问：我们应该在教室里张贴行为守则吗？如果应该，是贴教师行为守则，还是学生行为守则，或者两者结合的呢？

凯：在学年一开始，我的学生们和我就一起制定了我们自己的教室行为守则。我们学校有一个适用于全校的行为守则，我们也贴在教室里。全校的行为守则是学生会制定的。

---

① 《罗伯特议事规则》（Robert's Rules of Order），是一本由美国将领亨利·马丁·罗伯特于1876年出版的手册，搜集并改编美国国会的议事程序，使之普及于美国民间组织，也是目前美国最广为使用的议事规范。罗伯特对议事程序的兴趣始于1863年一场由他担任主席的教会会议，他在那场会议中深刻体悟自己并不具备主持会议所需的知识。在他日后参与的组织中，他发现来自全美各地的与会对议事规则有着非常不同的观点，这些不同往往导致冲突，阻碍组织运作。他最终确信应该要有一本手册，使各种组织能有相同的议事规则。——译者注

主持人： 当你让孩子们制定行为守则时，你有什么发现？

珍尼丝： 我的学生们提出的行为守则，和大人们会提出来的几乎一模一样。

主持人： 这太有趣了。我还从没有见过哪个教室不贴行为守则。但是，这些行为守则通常都是事先由老师们整洁地打印出来的，所以孩子们不认为这是他们自己的守则。我们发现，孩子们提出的行为守则要么与大人们提出来的一样，要么甚至更严格，但这是他们自己的，而你就可以给这些行为守则标记上"我们决定"而不是"我决定"。

问： 学前班的班会应该有班会议程吗？

主持人： 我们在麋鹿林学区有过一次经历，当时有一群人来参观 ACCEPT 项目[①]。他们正在做一个"运用班会作决策"的课题，并且认定让二年级以下的孩子们参与作决定是不可能的。但是，他们在看了我们的学前班和一年级开班会的情形后，感到很吃惊。他们说："我们得回去重新做这个课题。"很多学前班的老师因为不必再处理打小报告的问题而感到如释重负。他们只需要说："把这个问题放到班会议程上。"很快，孩子们就厌倦了听老

---

① ACCEPT 项目（全称 Adlerian Counseling Concepts for Encouraging Parents and Teachers，即家长及教师阿德勒心理辅导培训）是由简·尼尔森主持的一个联邦政府出资的项目。它试图通过训练关键的成年人（父母和老师）在孩子们身上运用阿德勒和德勒克斯理论方法来改善学生的行为。对老师而言主要的焦点是运用班会。父母们参加家长学习小组。经过 3 年的发展期，这个课题进入了示范期并获得了为期 3 年的推广基金。在这个 3 年中，加州的整个学区利用这笔基金培训了他们的学校教职工和学生父母们。——作者注

师说这句话，所以他们就直接让老师把问题放到班会议程上。在大半情况下，当他们的名字出现在班会议程上时，他们都不记得自己的问题是什么了。

在学前班或一年级，孩子们忘记自己的问题或许没关系，因为一旦他们有一点时间冷静下来，问题就真的不再是问题了。但是，你不会想让他们忘记太多问题，否则，他们就没有机会学习解决问题的技能了。

问：当致谢变得千篇一律时，该怎么办？例如，"我要感谢你做我的朋友"，或者每天都向同一个人致谢。

珍尼丝：我采取了几个措施。在今年年初，致谢变得缺乏新鲜感了。所以，有一天，我们没有致谢，我说："今天，我们要告诉大家我们正在努力做的一件事情。"孩子们围着教室转一圈，提出了一些他们正在努力做的真正的好事情。不论是练习书法还是上课尽量少说话，其他的孩子就有了可以寻找的具体的事情。我不必经常这么做，但有时候我发现，需要做一些类似这样的事情。

凯：我发现，在高年级班里，致谢不会像在低年级班里那样经常会变得千篇一律。学生们开始寻找学业成绩和社会技能来致谢。我发现把学生们结成对子很有帮助。当他们两两一对儿坐在一起时，一个伙伴就能看到另一伙伴所做的事情。

主持人：让我看看我是否理解了。孩子们都有伙伴，并寻找他们能向伙伴致谢的事情吗？你让他们换过伙伴吗？

凯：哦，是的！他们以书面形式向我提出请求，每周二是"更换伙伴日"。

主持人： 真是一个好主意！这还回答了如果孩子们总是向同一个孩子致谢该怎么办的问题。这太好了。我以前从没听到过这种办法。我听到过的一个办法是老师每周让孩子们从帽子里抽一个名字。但我更喜欢你这个办法。他们会挨着伙伴坐一段时间吗？

凯： 他们会挨着伙伴坐一个星期。

主持人： 另一种可能的方法，是一开始任由致谢变得千篇一律，因为他们正在学习技能。一旦他们能轻松自在地说出"我要因为他和我做朋友而向他致谢"，你就可以开始教他们其他事情了。看看一个人在做什么——即他们的行为——是很有帮助的。例如，他们做了什么事情来表明他们的友谊？你想要感谢他们的哪种具体行为？

问： 一年级的学生似乎只能提出他们以前听到过的建议。我们怎样才能让一年级的孩子形成更合适的解决方案？他们这个年龄能想出创造性的解决方案吗？

珍尼丝： 对于我们一年级的孩子们，我通常是选4个建议作为解决方案，并且我们只讨论这几个建议。

主持人： 是因为你的学生提出的建议太多，你不得不限制吗？

珍尼丝： 是的，或多或少有这个原因，而且，这是他们能够处理的。我们会讨论这些解决方案是否合适，以及会有怎样的帮助。我想你会发现几个提出同样建议的学生，但是，一旦你开始之后，你会得到更多的建议。你或许会看到孩子们解决问题的技能越来越强。

主持人：耐心，包括要给孩子们更多的时间。开始的时候，老师可能不得不提出几条建议，但是，你越是学会自己少提建议，并让发言棒绕着圆圈传递下去，他们就能越快地开始了解他们多么有智慧，有多么绝妙的主意。我发现4岁的孩子就能在家庭会议上想出很棒的解决方案和很好的主意。只是我们没有给他们足够的训练和经历，让他们知道自己能想出主意。我们太习惯于告诉孩子，而不是问他们。

问：我们怎样才能使班会成为不只是打小报告的会议？似乎很多孩子都喜欢在这种时候得到的关注。

主持人：一种可行的办法，是改变我们对于什么是打小报告的感觉。那些在我们看来像是打小报告的事情，对学生们来说可能就是真正的问题。如果我们将他们关切的事情看作是努力寻找解决方案的一个机会，而不是打小报告，就会对他们关切的事情有一种完全不同的感受。通常，打小报告是"我想让你惩罚他们"，而不是"那件事情影响到了我，所以，我们如何才能解决这个问题呢"。有时候，老师们太喜欢审查孩子们提出的问题了。

问：当同样的问题反复出现时，我该怎么办？

主持人：有时候，老师们会认定："哦，我们已经讨论过一个类似这样的问题了，所以不用再讨论了。"这就完全失去了班会过程的意义。比尔打了简妮，对苏西来说与迪克打了她是不一样的。你就是要让他们寻找解决问题的方案。他们要么会在提出同样的解决方案时做得更好，要么会想出不同的主意。但是，重要的是他们感觉自己得到了倾听，感觉得到了认真对待，并且他们运用了他们的技能。只要有影响到他们的问题，就要让他们寻找解决方案。

凯：我还发现，他们会为不同的孩子提出不同的解决方案，因为对一个孩子管用的方法并不是对所有孩子都管用。我的学生们实际上已经开始考虑到具体的人，而不仅仅是考虑问题了，他们不会说："我们已经讨论过这个问题了。"他们开始审视什么办法对这个人有效。

主持人：我很高兴你这么说。这是非常重要的一点！每个人都是独特的。他们都是具体的人。对一个人管用的方法，并不是对所有人都管用。孩子们在班会上学到的一件事情就是，人们的思考方式是不同的，人们的感受是不同的，人们的想法是不同的，他们不是都一样的。所以，我们开始学着尊重差异。（见第6章）

问：对有严重纪律问题的孩子们需要预先做什么准备？对于有特殊需要的孩子呢？

凯：在我召开班会的两年里，如果我遇到任何管教问题，我会当场处理。幸运的是，自从我开始开班会以来，还没遇到过任何严重的问题。

主持人：你认为在你运用班会之前遇到过严重问题吗？

凯：是的，而且我确信如果我不开班会，现在还会遇到严重问题。这就是我对班会感到这么兴奋的一个原因。在学生们的帮助下，我们能解决班里的大多数问题。

珍尼丝：我发现对我来说也是这样。而且，我认为仍然有一些事情是你作为老师必须做出反应的，或者如果你遇到一个严重的管教问题，也许你需要把这个孩子交给合适的渠道去处理。你仍然不得不这么做，尽管你正在运用班会，并努力解决大多数问题。

主持人：我想就此说几句。我想告诉你们两个故事。一个是一名二年级男孩的故事，我就叫他斯蒂夫吧。因为斯蒂夫是一个寄养的孩子[①]，他的老师就向寄养青少年办公室寻求帮助，而我在那里工作。她把斯蒂夫描述为"一个严重的管教问题"。斯蒂夫的同学们向老师投诉他做的每一件事情。我坚信班会能管用，无论他的行为多么恶劣。我知道帮助这个孩子的最好的办法就是班会，但这个老师不知道如何开班会。我想，好吧，我们要一次完成两件事情。我们要帮助这个孩子，而且我们要把班会的程序教给这位老师。

我去了这个班演示如何开班会。班会的一个规则是，通常不要谈论一个不在场的孩子了。一旦你认识到班会可以以一种积极、有帮助、鼓励和赋予学生力量的方式进行，对孩子们来说，一起讨论任何事情就都是安全的了。然而，在这个情形中，我知道这些孩子们还没有学会相互帮助。我知道他们仍然有结伙和惩罚的心态，所以我们让斯蒂夫离开了教室。

我问孩子们的第一件事情是："你们和斯蒂夫之间有什么问

[①] 在美国，未成年人因为受父母和法定监护人的虐待或忽视，或者因难于管教和遭受父母遗弃而由机构、组织或者政府认可的看护人的私人家庭来监护。——译者注

题?"他们说出了很多怨言。我问:"你们知道斯蒂夫为什么做这些事情吗?"他们说:"因为他爱欺负人。因为他坏。"最后,一个小孩子说:"也许是因为他是个寄养的孩子。"我说:"你们知道作为一个寄养孩子会有什么感受吗?"他们回答:"哎呀,你没有了你的家,你的邻居也不一样了。"他们开始感觉到同情。

然后,我说:"你们有多少人愿意帮助斯蒂夫?"所有的孩子都举起了手。我说:"好的,你们能做些什么事情来帮助斯蒂夫呢?"他们提出了一长串事情,列在了黑板上:课间休息时和他一起玩、上学和放学的路上和他一起走、和他一起吃午饭、帮助他做功课。然后,我说:"好的,谁愿意做这些事情中的哪一项?"我在他们的建议后面写上了具体的名字。

随后,我对斯蒂夫说:"斯蒂夫,我们谈了你在班里的一些问题。你认为有多少孩子想帮助你?"他说:"可能一个也没有。"我说:"每个人都想。"他怀疑地说:"每个人?"他简直无法相信。

我想问你们一个问题。你们认为当班里的所有孩子都改变了对斯蒂夫的看法并决定帮助他的时候,斯蒂夫的行为会改变吗?我向你们保证,他的行为发生了极大的改变。当你帮助孩子们理解并进入帮助模式而不是伤害模式的时候,就会产生一种巨大的变化。他们能够比任何一个老师、寄养父母、校长或心理咨询老师做得更好。孩子们在帮助别人方面是非常强大的。

另一个故事是我参加的加利福尼亚州圣贝纳迪诺的一次班会,以及一个我称之为菲利普的小男孩。我在那儿的时候,班会讨论了4项议题。其中的三项都与菲利普有关。我问他:"你觉得同学们是在帮助你吗?"他只是咧嘴笑了笑,说:"是的,他们在帮助我。"后来,老师对我说:"菲利普仍然是我们班最大的问题,但是,孩子们确实在努力帮助他,而不是把他当成替罪羊。"

你们有没有注意到，每个班里总是至少有一个问题学生？有谁的班里没有这样的学生吗？而且，你有没有注意到，如果这个孩子碰巧转学走了，就会有另一个孩子乐滋滋地填补他或她的位置？通常会有一个孩子决定以这种方式成为"特殊的"。这个老师说："我喜欢的是，尽管大多数问题仍然发生在菲利普身上，但孩子们真的在以有帮助的方式和他一起解决问题。他们确实在努力帮助他，而不是合起伙来对付他、伤害他和贬低他。"

问：我们如何引导孩子们提出恰当的解决方案？

珍尼丝：我认为只需要和他们把问题谈清楚。我最喜欢的一个例子，是和一个总是把东西放到嘴里的小男孩的经历。有人把这个问题放到了班会议程上，因为这样做很不安全——他可能被噎到。一个学生说："哦，你应该给他一张紫色卡。"当时，我有一个颜色表，当他们被降为紫色时，就要去见校长。但是，另一个学生说："嗨，那样做不会对他有任何好处，因为即使他去见校长，他还是会把东西往嘴里放。他还是会被噎到。"他们把事情想清楚了。

主持人：因为你问了："这样做会有帮助吗？"

凯：我发现4年级的学生实际上也是这样。很多时候，我会问他们："这是合理的吗？这与问题是相关的吗？"他们会再看看解决方案，并说："哎呀，有一个办法是不相关的。"然后，他们会讨论哪一个是不相关的，并将其划掉。所以，他们在选择一个解决方案之前，真的进行了很多思考。

我还经常发现，当一个问题第一次出现在议程上时，学生们的解决办法就是停止那种行为。这往往就足以解决问题了。他们需要知道的就是这种行为对自己的同龄人来说是个问题。得到同龄人的赞同对他们来说是很重要的。如果他们知道一些事情会让他们的同龄人不高兴，他们在很多时候就会说："我不会这么做了。"而且，那种行为确实会停止。

主持人：所以，换句话说就是，有时候，讨论就足够了。我真的想强调这一点。人们常常太关注后果或解决方案，而没有认识到让孩子们讨论的力量。在讨论之后，你可以说："好，如果再出现这个问题，可以把它放到班会议程上。"但是，你可能会惊讶地发现，这个问题常常不会再出现了。

问诸如"这会有怎样的帮助"之类的问题，对于教给孩子们考虑长期效果是非常有效的。还有，做一个"我们在这里是为了相互帮助，而不是相互伤害"的标语也很有帮助。有时候，你可以问这样的问题："你们有多少人觉得我们提出的是有帮助的建议？""你们有多少人认为我们提出的是会伤害别人的建议？"当你看到事情不对劲时，一个关键的技巧就是问问题，但要从两个方面问："你们有多少人认为我们现在太吵了？""你们有多少人认为现在足够安静？""你们有多少人认为我们现在是尊重别人的？""你们有多少人认为我们现在不尊重别人？"问问题会让学生们思考。

问：我们该如何对待那些用班会议程来报复别人的孩子呢？有些孩子如果看到议程上有自己的名字，就会将把自己的名字写上去的那个孩子的名字也写上去。

凯：一开始，我确实经常发现孩子们用班会议程来报复别人。所以，我准备了一个议程盒子。盒子顶上有个洞，他们把自己的议题放到盒子里。他们设计了一个号码系统。在自己的问题上标上号码，然后划掉他们采用过的号码，这样下一个人就知道该用哪个号码了，并且我们在班会上按照号码顺序处理问题。这个办法非常棒！孩子们很喜欢，并且他们完全自己处理这件事情。我不用做任何事。

主持人：有了这个系统，你就能按顺序解决放进盒子里的问题了。这太聪明了！

珍尼丝：我没有发现一年级的学生用班会议程来报复别人。我只发现他们相当诚实。通常，一个同学会检查班会议程，并且说："她那么做是为了报复。"当我当面问他们的时候，他们通常会说："是的，我是在报复。"我总是喜欢感谢他们，或者赞扬他们能像这样立刻承认这样的事情。

主持人：所有这些问题都可以放到班会议程上。你可以问他们："对于用班会议程来报复别人的人，我们应该怎么办？"他们会提出很好的办法。但另一方面，当你在遇到任何问题的时候，就要开诚布公地和孩子们讨论这个问题。

对待用班会议程来报复别人的孩子的另一个办法，是对他们说："我注意到我们在利用班会议程进行报复。"然后，我会问一些像这样的问题："有多少人认为我们还没有相互信任，还不知道我们在这里是要相互帮助而不是相互伤害？"让学生们参与解决这个问题或者进行一次简单的讨论，通常都足以停止这种报复了。

问：如何将其他管教方法与正面管教方法结合在一起？

主持人：我对这个问题有一个通用的答案：正面管教适用于任何以尊严和尊重对待孩子、不羞辱孩子、解决问题而不是责备以及教给孩子们技能而不是惩罚和控制的其他管教方式。它不适用于以惩罚和奖励为前提的方式。那是一个完全相反的前提。那些办法是让成年人为孩子们的行为承担责任——捕捉孩子们"好"行为进行奖励，捕捉孩子们"坏"行为进行惩罚。但是，当成年人不在身边时，会怎样呢？这还是一种短期的控制，而不是考虑孩子们的感受和决定，以及孩子们学到了什么技能以改善未来的行为。

你们想说几句结束语吗？我想听你们两个都说说，总结一下你们的总体看法。

凯：定期按计划召开班会，在我看来是我们的班里最美妙的事情之一，并且我的学生们也是这种感觉。他们喜欢班会！如果我们错过了一次班会，他们就会抱怨。我每天都开班会。偶尔，我们的日程会太繁忙，当天就没办法开班会，而他们会真的很想念。我发现，如果我们有机会进行致谢，班里的各种事情就会顺利得多。即便我们除了致谢而没有时间进行班会的其他事项，班里当天的运行也会顺利得多。

主持人：我很高兴你提到这一点。那么多的老师都说，当他们召开了班会时，即使只进行了致谢部分，这一整天都会更顺利。

珍尼丝：我喜欢班会。我极力主张在座的各位都试试开班会。在运用这种方法之前，我还从来没有对哪种管教方法感觉好过。我很高兴能有班会替代那些方法。除了班会之外，我现在在班里不用其他管教方法。

∴

我们希望这段摘录体现出了珍尼丝·里特和凯·罗杰斯的专长、积极的心态和技巧。我们相信他们的例子对于成千上万看到班会对于赋予学生力量和创造教室里的合作氛围的潜力的老师们是一种鼓励。我们希望你受到他们经历的激励，开始开班会，并享受这个对老师和学生同样具有强有力影响的过程。

结　语

我已经落入这个世界之河,现在就不得不游泳。

——鲁道夫·德雷克斯

既然你已经读完这本书了,接下来该怎么做呢?如果你有不完美的勇气并且愿意犯错误,你就能开始在你的班级里实行正面管教,和你的学生们一起学习。

塔米·凯瑟斯做小学教师和父母教育工作已经 20 多年了(现在是正面管教注册导师),她这样总结自己的正面管教经历:

"自从我了解正面管教以来,通过三年来和老师们、父母们、教育工作者、心理治疗专家、医生、护士、律师、科学家等等一同工作,我已经看到正面管教包括了一个人在当今能够拥有的一套最全面而有用的人生技能和工具。正面管教能用来在孩子们之间和各个年龄、民族和宗教背景的成年人之间,持续地造就更平和、富有成效和能赋予力量的人际关系。

"在教室里,正面管教已经转变了我与学生们的沟通方式,让我与班里的所有人——无论他们是任何类型的学生——建立支持性的情感联结,把重点放在创建一个相互尊重和支持的班集体，将反思和自律作为一种管教方式逐步灌输给学生，并激发学生们的内在动力去追求学业和社会成功的。总之，教室成了一个能培育人、愉悦和快乐的学习和成长的场所。作为一个老师，我为能用正面管教理念来设计与普通课程相关联的新的正面管教课程而兴奋。父母和学生们在正面管教的教室里茁壮成长并绽放着光芒。

"对于我个人而言，正面管教作为父母们的管教工具同样令人叹服，它在我的家庭里营造出了更好的沟通、更亲近的关系和相互的尊重。召开家庭会议带来了有意义的讨论，这是一个表达个人关切和问题的平台，一个得到倾听的安全场合。家庭会议现在已经成了我们家日常生活的一部分。正面管教的沟通工具能用于很多情景，并且是尊重地沟通的基础。

"构建家庭与学校之间的桥梁，已经为老师、父母和学生们创造出了一种有价值的动力。和父母们一起查看"错误目的表"，会让他们恍然大悟（常常还伴有泪水）地意识到，我们作为成年人怎样才能让一个孩子从他或她的寻求负面关注的行为转为鼓励和理解的行为。定期举办父母讲习班，把孩子们在教室里所学习的工具也同样教给了父母们，这已经成为了正面管教中一个最有影响力的关键部分。

"那些又回复到行为矫正方法——用金钱、物质或空洞的赞扬来奖励孩子——的父母们，会因为只具有短期效果而沮丧地来拜访我。在显著转变孩子的行为方面，正面管教有着决定性的不同。这方面一个很好的例子，是我自己的10岁的儿子科尔比，由于他的功课做得很好，他的老师要给他一个奖励，但他很有礼貌地拒绝了，他说：'我不需要奖励，因为我对自己所做的事情真的感觉很好。'他对老师这种正面强化的拒绝，让他的老师简直可以说是非常震惊。你给予孩子们的最好礼物，就是让他们自己的努力、决心和自豪感成为最大的奖励。"

结　语

　　我们的希望是，你像塔米一样，在正面管教的帮助下，找到自己的方法去积极地影响你的世界和你的学生们的世界。我们渴望听到你成功的消息。把你"正面管教的实际应用"的故事发到 jane@positivediscipline.com 或 lynnlott@sbcglobal.net 邮箱，我们可以与其他人分享这些故事，并且鼓舞老师们跳上这列培养社会情感和学业成功的正面管教的列车。

《正面管教》
如何不惩罚、不娇纵地有效管教孩子

畅销美国 400 多万册 被翻译为 16 种语言畅销全球

自 1981 年本书第一版出版以来,《正面管教》已经成为管教孩子的"黄金准则"。正面管教是一种既不惩罚也不娇纵的管教方法……孩子只有在一种和善而坚定的气氛中,才能培养出自律、责任感、合作以及自己解决问题的能力,才能学会使他们受益终生的社会技能和生活技能,才能取得良好的学业成绩……如何运用正面管教方法使孩子获得这种能力,就是这本书的主要内容。

简·尼尔森,教育学博士,杰出的心理学家、教育家,加利福尼亚婚姻和家庭执业心理治疗师,美国"正面管教协会"的创始人。曾经担任过 10 年的有关儿童发展的小学、大学心理咨询教师,是众多育儿及养育杂志的顾问。

本书根据英文原版的第三次修订版翻译,该版首印数为 70 多万册。

[美]简·尼尔森 著
玉冰 译
京华出版社出版
定价:29.00 元

《正面管教 A-Z》
日常养育难题的 1001 个解决方案

养育畅销书《正面管教》作者力作
以实例讲解不惩罚、不娇纵管教孩子的"黄金准则"

无论你多么爱自己的孩子,在日常养育中,都会有一些让你愤怒、沮丧的时刻,也会有让你绝望的时候。

你是怎么做的?

本书译自英文原版的第 3 版(2007 年出版),包括了最新的信息。你会从中找到不惩罚、不娇纵地解决各种日常养育挑战的实用办法。主题目录,按照 A-Z 的汉语拼音顺序排列,方便查找。你可以迅速找到自己面临的问题,挑出来阅读;也可以通读整本书,为将来可能遇到的问题及其预防做好准备。每个养育难题,都包括 6 步详细的指导:理解你的孩子、你自己和情形,建议,预防问题的出现,孩子们能够学到的生活技能,养育要点,开阔思路。

[美]简·尼尔森 琳·洛特
斯蒂芬·格伦 著
花莹莹 译
北京联合出版公司
定价:45.00 元

《十几岁孩子的正面管教》

教给十几岁的孩子人生技能

养育畅销书《正面管教》作者力作
养育十几岁孩子的"黄金准则"

度过十几岁的阶段,对你和自己青春期的孩子来说,可能会像经过一个"战区"。青春期是成长中的一个重要过程。在这个阶段,十几岁的孩子会努力探究自己是谁,并要独立于父母。

你的责任,是让自己十几岁的孩子为人生做好准备。

问题是,大多数父母在这个阶段对孩子采用的养育方法,使得情况不是更好,而是更糟了……

本书将帮助你在一种肯定你自己的价值、肯定孩子价值的相互尊重的环境中,教育、支持你的十几岁的孩子,并接受这个过程中的挑战,帮助你的十几岁的孩子最大限度地成为具有高度适应能力的成年人。

[美]简·尼尔森
琳·洛特　著
尹莉莉　译
北京联合出版社出版
定价:35.00元

《培养孩子大能力的210个活动》

让孩子具备在学校和人生中取得成就的品质

本书介绍的这些大能力,也是指导我们终身的自尊、道德、伦理和精神准则的基础。

——希拉里·克林顿

本书作者是教育学博士,美国家庭与学校协会创始人、会长。她是一名资深家庭教育专家,深受父母们的称赞与欢迎。她研发的"大能力"开发训练课程,被美国及其他国家4000多所学校采用。她一生致力于家庭教育事业,旨在帮助家庭和教育工作者共同造就孩子们在学校乃至整个人生中获得成功。

在本书中,作者介绍了培养孩子一生成就的12大能力和学业能力的210个活动,适合父母们在家里、老师们在学校开展。

[美]多萝茜·里奇　著
蒋玉国　陈吟静　译
北京联合出版公司　出版
定价:32.00元

《孩子,把你的手给我》

与孩子实现真正有效沟通的方法

畅销美国500多万册的教子经典,以31种语言畅销全世界
彻底改变父母与孩子沟通方式的巨著

本书自2004年9月由京华出版社自美国引进以来,仅依靠父母和老师的口口相传,就一直高居当当网、卓越网的排行榜。

吉诺特先生是心理学博士、临床心理学家、儿童心理学家、儿科医生;纽约大学研究生院兼职心理学教授、艾德尔菲大学博士后。吉诺特博士的一生并不长,他将其短短的一生致力于儿童心理的研究以及对父母和教师的教育。

[美]海姆·G·吉诺特 著
京华出版社出版
定价:24.00元

父母和孩子之间充满了无休止的小麻烦、阶段性的冲突,以及突如其来的危机……我们相信,只有心理不正常的父母才会做出伤害孩子的反应。但是,不幸的是,即使是那些爱孩子的、为了孩子好的父母也会责备、羞辱、谴责、嘲笑、威胁、收买、惩罚孩子,给孩子定性,或者对孩子唠叨说教……当父母遇到需要具体方法解决具体问题时,那些陈词滥调,像"给孩子更多的爱"、"给她更多关注"或者"给他更多时间"是毫无帮助的。

多年来,我们一直在与父母和孩子打交道,有时是以个人的形式,有时是以指导小组的形式,有时以养育讲习班的形式。这本书就是这些经验的结晶。这是一个实用的指南,给所有面临日常状况和精神难题的父母提供具体的建议和可取的解决方法。

——摘自《孩子,把你的手给我》一书的"引言"

《孩子,把你的手给我(Ⅱ)》

与十几岁孩子实现真正有效沟通的方法

《孩子,把你的手给我》作者的又一部巨著
彻底改变父母与十几岁孩子的沟通方式

本书是海姆·G·吉诺特博士的又一部经典著作,连续高踞《纽约时报》畅销书排行榜25周,并被翻译成31种语言畅销全球,是父母与十几岁孩子实现真正有效沟通的圣经。

十几岁是一个骚动而混乱、充满压力和风暴的时期,孩子注定会反抗权威和习俗——父母的帮助会被怨恨,指导会被拒绝,关注会被当做攻击。海姆·G·吉诺特博士就如何对十几岁的孩子提供帮助、指导、与孩子沟通提供了详细、有效、具体、可行的方法。

[美]海姆·G·吉诺特 著
张雪兰 译
京华出版社 中央编译出版社
定价:21.00元

《孩子,把你的手给我(Ⅲ)》

老师与学生实现真正有效沟通的方法

《孩子,把你的手给我》作者最后一部经典巨著
以31种语言畅销全球
彻底改变老师与学生的沟通方式
美国父母和教师协会推荐读物

本书是海姆·G·吉诺特博士的最后一部经典著作,彻底改变了老师与学生的沟通方式,是美国父母和教师协会推荐给全美教师和父母的读物。

老师如何与学生沟通,具有决定性的重要意义。老师们需要具体的技巧,以便有效而人性化地处理教学中随时都会出现的事情——令人烦恼的小事、日常的冲突和突然的危机。在出现问题时,理论是没有用的,有用的只有技巧,如何获得这些技巧来改善教学状况和课堂生活就是本书的主要内容。

书中所讲述的沟通技巧,不仅适用于老师与学生、家长与孩子之间的交流,而且也可以灵活运用于所有的人际交往中,是一种普遍适用的沟通技巧。

[美]海姆·G·吉诺特 著
张雪兰 译
京华出版社 中央编译出版社
定价:27.00元

《孩子顶嘴,父母怎么办?》

简单4步法,终结孩子的顶嘴行为

全美畅销书

顶嘴是一种不尊重人的行为,它会毁掉孩子拥有成功、幸福的一生的机会,会使孩子失去父母、朋友、老师等的尊重。

本书是一本专门针对孩子顶嘴问题的畅销家教经典。作者里克尔博士和克劳德博士以著名心理学家阿尔弗雷德·阿德勒的行为学理论为基础,结合自己在家庭教育领域数十年的心理咨询经验,总结出了一套简单、对各个年龄段孩子都能产生最佳效果,而且不会对孩子造成伤害的"四步法",可以让家长在消耗最少精力的情况下,轻松终结孩子粗鲁的顶嘴行为,为孩子学会正确地与人交流和交往的方式——不仅仅是和家长,也包括他的朋友、老师和未来的上级——奠定良好的基础。

本书包含大量真实案例,可以让读者在最直观而贴近生活的情境中学习如何使用四步法。
奥黛丽·里克尔博士,美国著名心理学家,既是一名经验丰富的教师,也是一名母亲,终生与孩子打交道。卡洛琳·克劳德博士,管理咨询专家,美国白宫儿童与父母会议主席,全国志愿者中心理事。

[美]奥黛丽·里克尔
卡洛琳·克劳德 著
张悦 译
北京联合出版公司
定价:20.00元

《如何培养孩子的社会能力》
教孩子学会解决冲突和与人相处的技巧

简单小游戏 成就一生大能力
美国全国畅销书（The National Bestseller）
荣获四项美国国家级大奖的经典之作
美国"家长的选择（Parents' Choice Award）"图书奖

[美]默娜·B·舒尔 特里萨·弗伊·迪吉若尼莫 著
张雪兰 译
京华出版社出版
定价:22.00元

社会能力就是孩子解决冲突和与人相处的能力，人是社会动物，没有社会能力的孩子很难取得成功。舒尔博士提出的"我能解决问题"法，以教给孩子解决冲突和与人相处的思考技巧为核心，在长达30多年的时间里，在全美各地以及许多其他国家，让家长和孩子们获益匪浅。与其他的养育办法不同，"我能解决问题"法不是由家长或老师告诉孩子怎么想或者怎么做，而是通过对话、游戏和活动等独特的方式教给孩子自己学会怎样解决问题，如何处理与朋友、老师和家人之间的日常冲突，以及寻找各种解决办法并考虑后果，并且能够理解别人的感受。让孩子学会与人和谐相处，成长为一个社会能力强、充满自信的人。

默娜·B·舒尔博士，儿童发展心理学家，美国亚拉尼大学心理学教授。她为家长和老师们设计的一套"我能解决问题"训练计划，以及她和乔治·斯派维克（George Spivack）一起所做出的开创性研究，荣获了一项美国心理健康协会大奖、三项美国心理学协会大奖。

《如何培养孩子的社会能力(II)》
教8～12岁孩子学会解决冲突和与人相处的技巧

全美畅销书《如何培养孩子的社会能力》作者的又一部力作！
让怯懦、内向的孩子变得勇敢、开朗！
让脾气大、攻击性强的孩子变得平和、可亲！
培养一个快乐、自信、社会适应能力强、情商高的孩子

[美]默娜·B·舒尔 著
刘荣杰 译
北京联合出版公司出版
定价:28.00元

8～12岁，是孩子进入青春期反叛之前的一个重要时期，是孩子身体、行为、情感和社会能力发展的一个重要分水岭。同时，这也是父母的一个极好的契机——教会孩子自己做出正确决定，自己解决与同龄人、老师、父母的冲突，培养一个快乐、自信、社会适应能力强、情商高的孩子——以便孩子把精力更多地集中在学习上，为他们期待而又担心的中学生活做好准备。

本书详细、具体地介绍了将"我能解决问题"法运用于8～12岁孩子的方法和效果。

《从出生到3岁》
婴幼儿能力发展与早期教育权威指南

畅销全球数百万册，被翻译成11种语言

没有任何问题比人的素质问题更加重要，而一个孩子出生后头3年的经历对于其基本人格的形成有着无可替代的影响……本书是唯一一本完全基于对家庭环境中的婴幼儿及其父母的直接研究而写成的，也是惟一一本经过大量实践检验的经典。本书将0~3岁分为7个阶段，对婴幼儿在每一个阶段的发展特点和父母应该怎样做以及不应该做什么进行了详细的介绍。

本书第一版问世于1975年，一经出版，就立即成为了一部经典之作。伯顿·L·怀特基于自己37年的观察和研究，在这本详细的指导手册中描述了0~3岁婴幼儿在每个月的心理、生理、社会能力和情感发展，为数千万名家长提供了支持和指导。现在，这本经过全面修订和更新的著作包含了关于养育的最准确的信息与建议。

伯顿·L·怀特，哈佛大学"哈佛学前项目"总负责人，"父母教育中心"（位于美国马萨诸塞州牛顿市）主管，"密苏里'父母是孩子的老师'项目"的设计人。

[美]伯顿·L·怀特 著
宋苗 译
京华出版社出版
定价：35.00元

《实用程序育儿法》
宝宝耳语专家教你解决宝宝喂养、睡眠、情感、教育难题

《妈妈宝宝》、《年轻妈妈之友》、《父母必读》、"北京汇智源教育"联合推荐

本书倡导从宝宝的角度考虑问题，要观察、尊重宝宝，和宝宝沟通——即使宝宝还不会说话。在本书中，她集自己近30年的经验，详细解释了0~3岁宝宝的喂养、睡眠、情感、教育等各方面问题的有效解决方法。

特蕾西·霍格（Tracy Hogg）世界闻名的实战型育儿专家，被称为"宝宝耳语专家"——她能"听懂"婴儿说话，理解婴儿的感受，看懂婴儿的真正需要。她致力于从婴幼儿的角度考虑问题，在帮助不计其数的新父母和婴幼儿解决问题的过程中，发展了一套独特而有效的育儿和护理方法。

梅林达·布劳，美国《孩子》杂志"新家庭（New Family）专栏"的专栏作家，记者。

[美]特蕾西·霍格
梅林达·布劳 著
京华出版社出版
定价：39.00元

《孩子是如何学习的》

畅销美国 200 多万册的教子经典，以 14 种语言畅销全世界

孩子们有一种符合他们自己状况的学习方式，他们对这种方式运用得很自然、很好。这种有效的学习方式会体现在孩子的游戏和试验中，体现在孩子学说话、学阅读、学运动、学绘画、学数学以及其他知识中……对孩子来说，这是他们最有效的学习方式……

约翰·霍特(1923~1985)，是教育领域的作家和重要人物，著有 10 本著作，包括《孩子是如何失败的》、《孩子是如何学习的》、《永远不太晚》、《学而不倦》。他的作品被翻译成 14 种语言。《孩子是如何学习的》以及它的姊妹篇《孩子是如何失败的》销售超过两百万册，影响了整整一代老师和家长。

[美]约翰·霍特 著
张雪兰 译
京华出版社出版
定价:25.00 元

《让你的孩子更聪明》

5 岁前，将孩子的智商再提高 30 分

做正确的游戏和活动
吃正确的食物
避免环境毒素和不当用药
让孩子感受到关爱、安全、快乐和放松

人的大脑在出生时尚未完成发育，但很多父母错过了增进孩子智力和情感幸福的关键时期，不是因为他们疏于自己的责任，而是因为不了解。你只要让孩子在感受到关爱、安全、快乐和放松的同时，和孩子做正确的游戏和活动、吃正确的食物、避免环境毒素和不当用药，就很容易将孩子的智商在 5 岁前再提高 30 分，开启孩子的聪明基因，帮助孩子成为一个聪明、能干、成功的成年人。

[美] 大卫·普莫特 博士 著
林欣颐 译
京华出版社出版
定价:28.00 元

《如何培养情感健康的孩子》

孩子必须被满足的 5 大情感需求

畅销美国 250000 多册的家教经典

孩子的情感健康,取决于情感需求是否得到满足。每个孩子都有贯穿一生的 5 大情感需求,满足了这些需求,会为把孩子培养成为自信、理智、有同情心和有公德心的人提供一个良好的基础,让他们更有可能在学业、职场、婚姻和生活中取得成功。

杰拉尔德·纽马克博士既是一位父亲,又是一位教育家、研究员,从事与学校和孩子相关的咨询已经超过 30 年,他在教育领域所取得的卓越成就曾得到美国总统嘉奖。

[美] 杰拉尔德·纽马克 著
叶红婷 译
北京联合出版公司
定价:20.00 元

《给你的孩子正能量》

消除有毒想法,提升亲子关系

父母对孩子的看法影响着孩子的人生。由于各种原因,父母们经常在有意识或无意识中,对孩子抱有"有毒"想法,并且不愿意正视。这些有毒想法会造成负面的情绪和行为,对孩子和家庭幸福造成危害……如何消除对孩子的有毒想法,给孩子源源不断的正能量,就是这本书的主要内容……

[美] 杰夫·伯恩斯坦 著
王俊兰 译
北京联合出版公司
定价:28.00 元

《为了孩子一生的幸福和成功》

教给孩子正确的价值观

全美畅销书第 1 名

本书绝对是一个智慧宝库,是当今的父母们极其需要的。而且,作者的方法真的管用。

——《高效能人士的7个习惯》作者

史蒂芬·柯维

价值观是人生的基石,是成功的前提。一个没有良好价值观的人,成功的概率一定是零。

本书详细介绍了将12种价值观教给从学龄前儿童到青春期孩子的方法。

[美]琳达·艾尔 理查德·艾尔 著
叶红婷 译
北京联合出版公司 出版
定价:25.00元

《4年级决定孩子的一生》

（修订版）

我国著名诗人艾青说过:人的一生很漫长,但最关键的却只有那么几步……小学4年级就是孩子成长中最关键几步中的一步。

孩子的生长和发育存在若干关键时期,4年级就是一个重要的时期。4年级是培养学习能力和情感能力的重要时期,是养成良好的学习习惯和改变不良习惯的最后关键时机。4年级是培养孩子学习恒心的关键时期。4年级是小学低年级向高年级的过渡期,孩子开始从被动的学习主体向主动的学习主体转变,学校教育的内容和方式发生的一些明显变化、孩子自身心理和能力的发展都会表现为比较明显的学习分化现象,有些孩子甚至开始出现学习偏科的端倪。

张伟 徐宏江 著
京华出版社出版
定价:24.00元

孩子的成长要求父母对孩子教育的内容和方式也要随之改变,正确的教育将会起到事半功倍的作用,为孩子一生的成功打下坚实的基础。

本书自2005年5月出版以来,受到了广大学生家长和教师的热烈欢迎,深圳市将其列为"第六届深圳读书月推荐书目"。

《孩子爱发脾气，父母怎么办》

孩子发脾气的 11 种潜在原因及解决办法

美国"妈妈的选择"图书金奖

没有哪个孩子会无缘无故地发脾气，也没有哪个孩子在每一件事情上都发脾气。孩子的每一次脾气爆发，都是有原因的，是孩子在试图告诉父母或其他成年人一些什么……有时候，孩子无法用口头方式表达自己的烦恼或不快，而情绪和行为才是他们的语言，为了倾听他们，你必须学会破解这种语言……孩子在小时候改掉发脾气的毛病，在青春期和成年后才能快乐、平和，并有所成就。

道格拉斯·莱利博士，临床心理治疗师，擅长于治疗 3~19 的孩子。他还投入大量精力对父母们进行培训，教给他们改正自己孩子行为的方法和技巧。

[美]道格拉斯·莱利博士 著
王旭 译
北京联合出版公司
定价：28.00 元

《快乐妈妈的 10 个习惯》

找回我们的激情、目标和理智

尽管家教书籍众多，但真正关注妈妈们的幸福的著作却很少。

本书从理解自己作为一个妈妈的价值、维持重要的友谊、重视并实践信任和信仰、对竞争说"不"、培养健康的金钱理念、抽时间独处、以健康的方式给予和得到爱、追寻简单的生活方式、放下恐惧、下定决心怀抱希望等十个方面介绍了怎样才能做一个快乐的妈妈。

本书作者梅格·米克是医学博士、儿科医生、畅销书作者，著名家庭教育和儿童及青少年健康专家。具有 20 多年从事儿童临床治疗和青少年咨询经验，美国儿童医学会成员、美国医学所全国顾问委员会成员。她还是一位青少年问题方面的著名演讲家，经常在电视和电台节目中做访谈节目。

[美]梅格·米克博士 著
胡燕娟 译
北京联合出版公司
定价：28.00 元

《8年级决定孩子的未来》

张伟 著
京华出版社出版
定价:18.00元

八年级的学生无论是从生理和心理发育,还是从道德情操、知识能力的形成来看,都处于一个"特别"的时期。

这一时期,孩子们处于由儿童期向青年期过渡的身心急速发展阶段,身心发展的不平衡导致情感和意志的相对脆弱。八年级的孩子很可能会形成诸如打架、恶作剧、逃课、偷窃等不良品德和行为,心理学家把这一时期称为"急风暴雨"时期,有专家则称八年级为"事故多发阶段"。对于八年级的孩子身心所发生的各种变化和带来的各种社会影响,有些教育工作者或者专家形象地称之为"八年级现象"。

八年级的孩子在学习上处于突变期,要求孩子的学习方法也要随之变化,否则就会出现学习上的落伍;在发育上处于青春期,缺乏生活的体验,其道德认识等有待培养;在心理上处于关键期,在关键期引导不当容易造成教育失误。

所有这些都要求家长对孩子的教育及时作出有针对性的调整,帮助孩子度过这一危险而美好的时期,帮助孩子形成良好的道德品质,并取得学业的成功。

《给孩子的10个最伟大礼物》

[美] 斯蒂文·W·范诺伊 著
邓茜 王晓红 译
京华出版社出版
定价:24.00元

用5个养育工具培养孩子的10大成功品质

5大养育工具:向前看、传达爱的信息、用"提问"代替告诉、真诚的倾听、树立榜样。

10个最伟大礼物:充分感受、自尊、同情、平衡、幽默、沟通、富足感、诚实、责任心、明智的选择。

斯蒂文·W·范诺伊是一位美国著名的作家,演说家和培训师。"10个最伟大礼物"项目及"Pathways to Leadership?"的创始人和CEO。他倡导的"10个最伟大礼物"的养育理念深受父母们的欢迎,解决了父母们在养育孩子中的很多具体问题。在本书出版并取得巨大的成功之后,他开始在全美及世界各地推广"10个最伟大礼物"的养育和教育理念,为无数父母提供了最有效地养育和引导孩子的方法和技巧。

《莫扎特效应》

用音乐唤醒孩子的头脑、健康和创造力

从胎儿到10岁,用音乐的力量帮助孩子成长!
享誉全球的权威指导,被翻译成13种语言!

在本书中,作者全面介绍了音乐对于从胎儿至10岁左右儿童的大脑、身体、情感、社会交往等各方面能力的影响。

本书详细介绍了如何用古典音乐,特别是莫扎特的音乐,以及儿歌的节奏和韵律来促进孩子从出生前到童年中期乃至更大年龄阶段的发展,提高他们的各种学习能力、情感能力和社会交往能力。对于孩子在每个年龄段(出生前到出生,从出生到6个月,从6个月到18个月,从18个月到3岁,从4岁到6岁,从6岁到8岁,从8岁到10岁)的发展适合哪些音乐以及这些音乐的作用都进行了详细的说明。

唐·坎贝尔,古典音乐家、教育家、作家、教师,数十年来致力于研究音乐及其在教育和健康方面的作用,用音乐帮助全世界30多个国家的孩子提高了学习能力和创造性,并体验到了音乐给生活带来的快乐。他是该领域闻名全球、首屈一指的权威。

[美]唐·坎贝尔 著
高慧雯 王玲月 娟子 译
北京联合出版公司出版
定价:32.00元

《如何读懂孩子的行为》

理解并解决孩子各种行为问题的方法

孩子为什么不好好吃、不好好睡?为什么尿床、随地大便?为什么说脏话?为什么撒谎、偷东西、欺负人?为什么不学习?……这些行为,都是孩子在以一种特殊的方式与父母沟通。

当孩子遇到问题时,他们的表达方式十分有限,往往用行为作为与大人沟通的一种方式……如何读懂孩子这些看似异常行为背后真实的感受和需求,如何解决孩子的这些问题,以及何时应该寻求专业帮助,就是本书的主要内容。

安吉拉·克利福德-波斯顿(Andrea Clifford-Poston),教育心理治疗师、儿童和家庭心理健康专家,在学校、医院和心理诊所与孩子和父母们打交道30多年;她曾在查林十字医院(Charing Cross Hospital,建立于1818年)的儿童发展中心担任过16年的主任教师,在罗汉普顿学院(Roehampton Institute)担任过多年音乐疗法的客座讲师,她还是《泰晤士报》"父母论坛"的长期客座专家,为众多儿童养育畅销杂志撰写专栏和文章,包括为"幼儿园世界(Nursery World)"撰写了4年专栏。

[英]安吉拉·克利福德-波斯顿 著
王俊兰 译
北京联合出版公司出版
定价:32.00元

以上图书各大书店、书城、网上书店有售。
团购请垂询:010-65868687
Email: tianluebook@263.net

更多畅销经典家教图书,请关注新浪微博"家教经典"(http://weibo.com/jiajiaojingdian)及淘宝网"天略图书"(http://shop33970567.taobao.com/shop/view_shop.htm?tracelog=twddp)